문학과지성 시인선 416

아무 날의 도시

신용목 시집

문학과지성사

문학과지성사에서 펴낸 신용목의 시집

그 바람을 다 걸어야 한다(2004)

문학과지성 시인선 416
아무 날의 도시

초판 1쇄 발행 2015년 9월 26일
초판 9쇄 발행 2024년 3월 27일

지 은 이 신용목
펴 낸 이 이광호
펴 낸 곳 ㈜문학과지성사
등록번호 제1993-000098호
주   소 04034 서울 마포구 잔다리로7길 18(서교동 377-20)
전   화 02)338-7224
팩   스 02)323-4180(편집) 02)338-7221(영업)
전자우편 moonji@moonji.com
홈페이지 www.moonji.com

ⓒ 신용목, 2012. Printed in Seoul, Korea

ISBN 978-89-320-2341-0 03810

이 책의 판권은 지은이와 ㈜문학과지성사에 있습니다.
양측의 서면 동의 없는 무단 전재 및 복제를 금합니다.

지은이는 2008년 서울문화재단 문학창작활성화지원과
2011년 아르코문학창작기금을 받았습니다.

문학과지성 시인선 416
아무 날의 도시

신용목

2012

시인의 말

결국 영원으로부터도
또한 순간으로부터도
우리는 소외되었다.
언제부터 너였는지 모르고
언제까지 나일는지 모른다.

그러므로,
새가 나는 법을 버리고
다만 나는 것처럼
어떤 약속도 바람도 없이
다만 시작되기를.

2012년 가을
신용목

아무 날의 도시

차례

시인의 말

격발된 봄
격발된 봄　9
위험한 書誌　10
목련꽃 지는 골목　12
탱크로리　14
칼끝에 혀끝을 대보는 순간　16
敵國의 가을　18
웃을 수도 울 수도 있지만　20
얼음의 각주　22
그것을 후회하기 위하여　24
슬픔의 뿔　27
오 초의 기술　30
敵國의 봄　32

무지개 훌라후프
개구리 증후군　37
하지만 이해해　39
죽은 자의 노래로부터　40

그 숲의 비밀 42
무지개 훌라후프 44
가둬진 어둠 46
나도 가끔 유리에 손자국을 남긴다 48
그것을 말할 때 50
노아의 여름 53
복제된 풍경화 56
폭우 지난 58
바퀴 자국 61
물의 도감 62
꽃들의 작전명 64
삐라의 나라 66
맹아이며 농아인 68

만약의 생

만약의 생 73
우주의 저수지 74
타자의 시간 76
꿈 밖에서 잠들다 78
오지의 비유 80
얼굴의 고고학 82
장미 85
리코더 86
아무 날의 도시 88
투명한 순간 90
공터의 달리기 93

우리가 헤어질 때 94
터지는 노래들 96
내 얼굴은 간신히 매달려 있다 99
포로들의 도시 100
우리는 이렇게 살겠지 104
어떤 혁명의 시작 106

미끄럼틀
꽃들의 귀가 111
어느 날 밤이 왔다 112
다른 곳으로 꿈꾸러 간다 114
우리가 잊혀질 때 116
소 · 沼 118
너머 또 너머 120
오래된 북 121
추 122
일어나지 않는 일 때문에 서해에 갔다 126
허공에서 감자를 캐다 127
인디언의 땅 128
늙은 산들의 마을 130
신의 생일 134
0시의 자오선 138
미끄럼틀 140

해설 | 적국에서 보낸 한철 · 신형철 142

격발된 봄

격발된 봄

나는 격발되지 않았다 어느 것도 나의 관자놀이를 때리지 않았으므로
나는 폭발하지 않았다

꽁무니에 바람 구멍을 달고
달아나는 풍선

나의 방향엔 전방이 없다 멀어지는 후방이 있을 뿐

아무 구석에 쓰러져 한때 몸이었던 것들을 바라본다
한때 화약이었던 것들을 바라본다

봄의 전방엔 방향이 없다 다가오는 허방이 있을 뿐

어느 것도 봄의 관자놀이를 때리지 않았으므로 봄이 볕의 풍선을 뒤집어쓰고 달려가고 있다

살찐 표적들이 웃고 있다

위험한 書誌

소에게 풀을 먹이고 그것이 뿔이 될 때까지 기다린다

구름의 행군이 오래 계속되었다
집들은 양말처럼 현관을 가졌고

어제가 벗어놓고 간 날씨 같았다,
그 집에 사는 동안 아는 것은 비밀밖에 없었고 모르는 건 소문밖에 없었다—그러므로 침묵!

거울에서 가면을 꺼내 쓰고 기다린다 거울이 피부가 될 때까지

가위표 마스크를 쓰고 달력은 날마다 어제 속으로 연행되었다, 가면은 그림자를 오려 만든 것
가위는 혐의를 입증하는 증거이므로

거울은 여러 장의 페이지로 넘어간다

그 집은 너무 많은 발자국으로 더러워졌다 구름의 왼발과 오른발 혹은 오리다 만 눈과 코—그럼에도 침묵!

열릴 때마다 현관은 안과 밖을 뒤집었으며

거울에는 흰 소가 검은 소로 비쳤다,
날씨가 구름의 양말을 신고 오듯

소에게 풀을 먹이고 뿔에서 꽃이 필 때까지 기다린다

목련꽃 지는 골목

 빵 봉지 날리는 골목을 지나왔다

 누가 알맹이만 먹고 버렸을까 알맹이를 담고, 껍질이 된 누구

 봉지를 찢고 빵을 먹었다, 내 몸 빵 봉지가 되어

 환하도록 골목을 쓸려다녔다
 (목련나무 빈 둥치에 걸려 넘어지다 재개발 담장 붉은 글씨에 찔려 뒤집히다)

 빵빵하게 하늘 높이 날아올랐다, 몸 어딘가 쭉 찢어져

 아이가 발로 차고 지나갔다 쥐가 뒤집어쓰고 달아났다

 누가 봄을 여기다 찢어버렸다 먼지 바닥에 하얗게

쏟아져 걸음걸음 구르는,
　누가 봄을 다 먹어치웠다

　먹어치워, 봄의 껍데기가 되었다
　봉지가 되었다

　바람이 나의 봉지였다 바람은, 몸 어딘가 툭 터져
있는 허공

　빵 봉지 날리는 골목을 지나왔다

탱크로리

구름 — 끓는 얼음,
종일 녹고 있는 창문을 보았다.

누군가 환하게 타서 죽는 잠. 화염처럼 뒤엉킨 이 불을 쇠막대기로 헤집으며,

햇살이 비스듬히 꽂혀 있었다.
커튼이 펄럭인다.

그것은 얼음 날개를 가진 투명한 새 떼들의 일. 깨지면서 반짝이는 공중으로,
끝없이 솟구치는 열이 축축한 불 속에서 타오를 때

하얗게 탄 물의 재가 숨의 깊이에서 소용돌이칠 때.

그것은 창문 밖으로 날아가는 검은 침대의 일. 누군가 제 꿈속에 얼어 있다,
뒤척이는 구름의 얼굴로.

차갑게 끓는 몸으로.

저기서 한 번의 폭발이 있었다. 바람의 찢긴 낱장마다 당겨진 노을의 불꽃처럼,
  드디어 모든 빛깔을 암흑이 당겨갈 때.

나는 재의 그림자를 한 장씩 껴입는다.

몸—피의 운동장,
  끝없이 달리고 있다고 믿었다.

칼끝에 혀끝을 대보는 순간

칼끝에 혀끝을 대보는 순간,
개수대에 물이 사라지고
크르르륵 물소리가 수만 가닥 혈관을 타고 공중의 피부 속으로 스며들고
손잡이가 부러진 칼처럼, 문득

거꾸로 떨어지는 형광등 빛―갈비뼈를 밟고 가는 시간의 하얀 발바닥,
이중 새시 너머 상가 불빛이
껌을 씹는다

그리고 우리는 이곳에 담겨져 있다고 믿는다 쏟아지지 않고 사는 것이 얼마나 힘든 일인가
잠시 구정물에 뜬 얼굴로
출렁이다 크르르륵,

소용돌이 아래부터 빠져나갈 몸은 한 바가지 몸,
사는 것의 불빛 속에 잘못 고일 때

도마의 칼자국처럼 새겨지는
정적 속으로 문자가 온다 낙엽은

　자살인가요 타살인가요—누구도 답해주지 않는 함구의 현장으로 강도처럼
　손잡이가 부러진 칼처럼, 문득
　떨어지는 붉은 혓바닥

보십시오 고요가 순간을 찌르고 있습니다

　이곳을 너무 사랑하기 때문에
나는 살해를 한다,
　개수대에 물이 사라질 때
　먼빛이 가까운 빛에 섞이고 난도당한 순간이 제 시신을 공중에 흩어놓을 때

敵國의 가을

　나무마다 붉은 심장이 내걸린다, 저 맹세들
　어떤 역모가 해마다 반란의 풍속을 되살리는가 허공을 파지로 구기며 진격하는 북국의 나팔 소리

　바람의 오랜 섭정에 나는 부역의 무리가 되어버렸다 도망하라 화를 피해 그러나
　살갗을 벗기며 저무는 황혼의 저녁

　붕대로 풀어지는 구름의 거적과 벌겋게 나뒹구는 태양의 해골바가지

　모든 문자가 추억처럼 타올랐으므로 한 장 한 장 시절이 실연을 흔들며 투항하는 시간의 유적지에서
　연기의 문장으로 원군을 청하는 늦은 후회여

　계절의 부장품은 기다림이다 반란의 나팔 소리가 허공을 디디며 번져가는 파지의 밤
　구겨진 산과 구겨진 강과 구겨진 채

날이 밝으면 빈 나뭇가지에 낮달이 반지처럼 끼워져 있을 것이다 도망하라 화를 피해 그러나

나무마다 붉은 심장이 뛰고 있다, 저 맹세에
내 눈물도 역모의 증거임을 안다 돌아가지 못할 길에서 신압당할 마음이 돌멩이처럼 떨어져 내릴 것을

웃을 수도 울 수도 있지만

어둠은 어쩌다 사지를 잃었을까 사방을 더듬어도 몸통만 둥글다
굴릴 수도 던질 수도 있지만
익으면 꼭지가 환하게 타지,
나는 불빛을 그렇게 믿는다 모든 흙이 벽돌이 되거나 타일이 되거나 기와가 된 이후의 폐허

때로는 붉은 껍질로 떨어지는 허공의 각도로 해와 해와 헬리콥터가 지나간다
나무보다 더 흔들리는 당신의,
가지보다 더 휘청이는 당신의

어둠에 걸어두고 온 나에게 전할 사과를 딴다
안녕히,

웃을 수도 울 수도 있지만
하루의 정수리를 따 둥글게 깎아내는 칼끝을 한입 가득 베어 무는 얼굴로

울 수도 웃을 수도 있지만

안녕히,
빛에게 씌워두고 온 당신에게 보낼 사과를 싼다

  상자보다 더 부서지는 나의
  포장보다 더 구겨지는 나의,
  때로는 하얀 속살로 번져가는 허공의 각도로 달과 달과 인공위성이 지나간다

  불빛은 어쩌다 가죽을 잃었을까 사지를 껴안아도 허공만 환하다
  씹을 수도 삼킬 수도 있지만
  익으면 밑동이 까맣게 타지,
  나는 어둠을 그렇게 믿는다 모든 집이 무덤이 되거나 유적이 되거나 기록이 된 이후의 폐허

얼음의 각주

문득, 먼 하늘에 박혀 있는 방패연이 보일 때가 있다
미끄러져

넘어져서
언 호수에 박혀 있는 낙엽이 보일 때—물고기 가면을 생각했다 그걸 쓰고
안부를 묻고 싶었다, 당신은 어디를 지나고 있나요?

아직 어떤 우연도 철거되지 않았다
하필 지금 여기에 겨울이 있는 것,

둥글게 뚫린 얼음의 눈동자로 서로를 쳐다볼 때
물의 가면을 쓰고 있거나
물이 가면을 쓰고 있거나, 하나의 얼굴로 겹쳐진—
그것은 물의 관상일까? 물에 비친 관상일까?

온전한 과녁이 되기 위하여 호수는 파문을 가두었다, 태양의 빠져버린 눈동자

안부는 늙어가는 한 우연에게,
운명을 점치는 나쁜 버릇에게

바람이 원심으로 몸을 휘감을 때
문득, 먼 하늘에 박혀 있는 방패연이 사라진다―
꽝 꽝 얼어서도 멈출 수 없는 얼굴

이곳에 다다르려면 넘어져야 한다, 물고기의 자세로

이곳을 벗어나려면 뒤집혀야 한다, 물고기의 눈으로
미끄러져

넘어져서
문득, 먼 하늘에 박혀 있는 작살이 보일 때가 있다

그것을 후회하기 위하여

나는 후회가 많은 사람이지만
아침마다 눈을 뜬다, 가장 분명한 당위는
살아 있다는 것
그것을 후회하기 위하여

나무들은 침묵으로 자신을 견딘다,

눈부신 높이의 부르튼 침묵 속에서

아무도
운명에 의견을 제출한 적 없다―내가 사는 곳에는
네 이름을 대신하는 집들이
 푸른 지붕을 올리고,

 흔들리는 창문으로 흔들리다 물드는 창문으로 물들
다가 떨어지는 창문으로
 떨어지는 잎들이

깨지는 창문으로
캄캄한 땅속에 조각 난 유적처럼 잎잎이 아프게 박혀들 때

엘리베이터는 자주 중세를 지나간다, 지하 1층에서 발굴되는 것들
환하게 떨어지는 창문을 달고
툭, 꺼지는 조명처럼

나의 절망은 고대에 묻혀 있다
지하 2층

아무도 파보지 않는 깊이에

내가 사는 곳에는 새들의 지저귐이나 골목 어귀에서 나대신 머리를 감싸 쥐고 쭈그려 앉은
젊은 남자,
네가 보고 싶어서

나는 4층에 산다 30억 년쯤 뒤의 지층에

나무는
캄캄한 땅속에 조각 난 말들을 잎잎이 창문으로 박아놓았다
어두운 깊이의 짓무른 침묵 속에서,

나는 후회가 많은 사람이지만 날마다 멀리 고층 아파트 불빛을 바라본다
우리의 미래가 닿을 수 없는 시간을

슬픔의 뿔

은빛 문을 달고 하늘이 흘러간다 부드러운
경첩의 고요를 따고

꽃잎 하나 문을 열고 들어갔다
나왔다 가지에서 바닥까지
미닫이 햇살이, 드나드는 것들의 전후를 기록했다
오로지 구름의 필적으로
석양의 붉게 찍힌 이면지 위에

새의 이름으로만 허락된 통행,

문밖으로 추방된 사람들이 손등처럼 말아쥔 머리를
세워
두드리면

주인은 꽃잎을 날리며 덜컹거리는 한 계절을 닫는
다 철문의 마른 소리처럼
반짝이는 빗장 위로 적막이 스쳐갈 때

어둠보다 굳게 닫힌 허공의,

문을 뚫는 바람은 슬픔의 뿔

바닥에 뒹구는 꽃잎의 흰 등을 보면 어느 슬픔이
바람이 되는지 알리, 어느 바람이 뿔을 가는지
  문틈에 찢겨 환하게 피 흘리는
  석양의 눈먼 독법으로

  혹은 구름의 행갈이로
  새가 날면, 차례차례 열리는 문 저 끝에서 먼 밖을
내다보는 주인의 두 귀에
  울음으로 짠 밤의 그물을 펼치리
  그리하여

경첩에 박힌 못처럼 별이 빛나고
사람들의 머리가 부풀고
밤하늘 아름다운 곡선을 따라 허공의 모든 문이 회

전하기를, 그리하여 햇살은
가지에서 바닥까지 슬픔의

오 초의 기술

그의 침대에는 바퀴가 달려 있다

누워서 달려가는 오 초 뒤의 세상—꿈의 어디쯤에서 생시를 더듬을 때
깨어나 돌아보는 오 초 전의 세상,

바퀴는 우연을 통과한다 진행하는 기술 정지하는 기술 그리고
돌아오지 않는 기술

잠의 문이여, 오 초 뒤의 저택은 백 년 전의 저녁과 닮았고
오 초 전의 현관은 백 년 뒤의 아침을
바퀴 달린 침대가 통과하고

잠의 문에 달린 자물쇠처럼
백 년이 열리고 닫히는 기술

바퀴는 도는데 어느 순간 구른다 서로 반대로 도는 톱니의 맞물림,
　지구가 식탁인 지렁이처럼
　지구가 무덤인 사람들에게

　회전하는 것들이 던지는 농담─꿈과 생시가 응급실 침대처럼 교차한다 잠이 들 때 깜빡 잠을 깰 때

　오 초 동안 연습되는 살인의 기술

　어차피 몸은 바람의 미래이거나 모래의 과거이거나
　바람이 모래를 감고 소용돌이치거나 그 저택이거나

　─드디어 전진!

敵國의 봄

맹세가 끝나자 꽃이 피었다, 아름다워라 나무마다 펄럭이는 흰 깃발들
 허공의 주름이 환하게 펴지면
 목 아래 떨어지는 검은 그림자

 펄펄 날아도 돌멩이가 되지 못한 눈발과 얼어도 땅을 짚고 일어서지 못한 강물과
 오래 벼렸으나 한 겹 허공을 찢지 못한

 가지가, 초록에 포박된 채 줄을 선다
 아름다워라 모든 결의가 볕의 칼끝에 눈을 찔리고 그 아래 노란 아이가 돌리고 가는 팔랑개비

 더는 바람의 갈피에서 강령을 읽을 수 없다 얼굴을 스치는 낱장마다 찢긴 문장으로 고하는 작별

 꼭 쥐어야만 던질 수 있는 순간이 저와 함께 잘라간 손가락아 물을 쌓아 집을 짓던 계절이 가고

손바닥만 남아 꽃잎처럼 팽그르르 떨어지는,

회전하는 것들은 전진하는가
머리를 뼹 차고는 머리를 따라 온몸 으으으으 달려
가고 다시 뼹 차고 달려가, 돌아보면 제자리

전진하는 것들은 회전하는가,
맹세가 끝나자 꽃이 피었다
아름다워라 지구의 중심에 꽂힌 팔랑개비 나무들,
촘촘히 뼈 발라낸 허공에서 돈다

무지개 훌라후프

개구리 증후군

개구리는 제 무덤 깊이 잠들어 있고
불은 아직도 개구리의 입 속에 있고

겨울은 어느 작곡가의 싸늘한 노래비를 지나 맹세의 참수된 머리카락처럼

흘러간다, 이제 뛰어서는 건널 수 없는 깊이를 세워 금빛 수면을 출렁이는 빌딩 속으로
개구리알, 얼음 속에 환하게 불을 켠

개구리알, 불 속에 환하게 얼음이 된

도시는 어느 사거리의 우회전 신호를 지나 기억의 잘려나간 지느러미처럼

흘러간다, 칸칸이 쌓아올린 창문들의 호수 그 속에 갇힌 울음의 하얀 연기처럼
긴 노래를 감고 목을 매는 눈발처럼

그러나 심장은 한 번도 잠든 적 없다, 낮에도 켜져 있는 가로등 붉은 눈망울로 깜빡이며
녹슨 표지판 아래 해변이 쓰러질 때

피의 망치를 들고 와 힘껏 내리친다
개구리밥, 알루미늄 휠이 돌리는 파문의 무지개 가슴 복판에 단 초록색 리본처럼

개구리밥, 꿈속에 퍼지는 노래의 말

흘러간다, 이제 맹세로는 세울 수 없는 높이를 뉘여 젖은 바닥을 드러내는 도로 위에서
울음소리, 눈 속에 요란한 경적이 된

저녁은 어느 교회당 십자가의 피뢰침을 지나 청춘의 불타는 공동묘지처럼

불은 아직도 잠든 개구리의 입 속에

하지만 이해해

삶은 아니지만 죽음은 이해해

말할 때
목소리를 이해해, 허공은 얼마나 큰 무덤인가?
귓속에 빨려들어
둥글게 부푸는 머리처럼

말한 후,
그 뜻은 남아 삶 속에 있네

발소리가 어둠을 두드린다, 발소리는 어디에 속해 있는가? 발을 떠난 발자국과
  허공을 떠난 고요 사이

어둠의 연기를 보는 머리가 동공처럼 열린다

한 남자의 퇴장과 암전,
그리고 텅 빈 무대에서

죽은 자의 노래로부터

  태양이 종소리에 감겨 조금씩 꺼져갈 때 십자가에 찔려 금 가는 하늘에
    박혀 있던 벽돌들 후드득 떨어지고
    튀어오르는 어둠이 달리는 타이어 은빛 추위에 치여 창문마다 검은 피를 뿌릴 때

  나는 죽은 자의 메아리를 잘라왔다 불탄 구름이 흐린 재로 흩날리는 광장에서
    목을 잃은 혀가
    부르는 노래 시체의 목소리 속을 떠도는 바람의 목에 걸어주는 긴 머플러

  녹빛 동상의 입에서 쏟아지는 무용담과 장검이 찌르고 있는 칼집 속의 오랜 적막을

  그리고 도심의 방 환한 무덤에 쌓여 있는 종이들 관짝의 먼지 낀 뚜껑을 열고
    시체의 배 속에 남아 있는 밥알을 씹는다

얼굴에 어둠을 묻힌 채 이제부터 나는 뒷걸음질로만 앞으로 나갈 수 있으므로

낮과 밤 사이에서 떨어져 나온 벽돌들로 시간의 양쪽 끝을 눌러놓고 길 잃은 메아리
위에 적혀 있는 노래를
몸의 불구덩이로 던져 넣는다 밤이 추위뿐인 영혼에게 검은 망토를 걸쳐줄 때

아무리 피워 올려도 구름이 되지 못하는 연기의 역사 그러나 인간이라는 거푸집에서 뜨거운 쇳물로 끓고 있는 피를

그 숲의 비밀

  금서의 불타는 마지막 장에서 사라지는 예언들. 꺼져가는 눈빛들. 서서히 밤,
  언제나 추위는 내일로부터 온다.

  문을 열면 거대한 침엽수림으로 솟아오르는 들판, 아무도 그 위를 걸어본 적 없고.

  어둠의 귀를 길게 잡아당긴다. 랍비여, 이제 무슨 말을 해주실 건가요?
  그리고 내일의 숲에선 낙엽이 지지 않아. 그 말은 너무 화력이 약하구요.

  허락된 문장을 읽기 위하여 말을 배우는 아이들,

  시간의 두꺼운 책은 언제나 반으로 펼쳐져 있다.

  어떤 페이지는 가볍게 넘어가고 어떤 페이지는 절망이 필요할 것. 한 단어의 무게를 지고 쓰러지는 운

명의.

   그러나 지금은 밤. 검은 재를 손가락으로 짚으며,

어둠을 한 장씩 넘긴다. 이 페이지엔 아무것도 쓰여 있지 않아. 그 말이 다시 추위에 얼고.

   녹으면, 죽은 예언들이 부스스 흐린 눈을 뜬다.

   문밖에서 거대한 침엽수림으로 솟아오르는 내일.
누가 저 숲을 불 질러주었으면,
  허락된 말의 빈 문장으로부터.

   랍비의 두 귀에서 낙엽이 돋아나는 봄으로부터.

무지개 훌라후프

바퀴살을 잃어버린 바퀴처럼
심지를 태우는 촛불처럼—아름답다, 매순간 신호도 없이 출발선을 떠나는 영원과 함께

하루 내내 매미 울음에 칠하는 색깔놀이

맴맴맴맴 돌 수 있다는 거
명중한 화살처럼 흔들린다는 거

과녁의 눈부신 동그라미 속에서 허리만 남은 태양이 빛나고 있다, 여름이었으므로
다리들이 몸을 찾는 달리기
다리들의 몸에 갇힌 달리기

그 자리 우뚝 박혀 있는 트랙이여 나무여 명중한 화살처럼 흔들린다는 거 흔들려
만드는 거대한 소용돌이 매미 소리여

모두들 그대로 서 있었다 떠나온 시위에 걸었던 사
지와 질러온 허공에 부풀던 머리통,
 단단하게 박혀 있는 다리가
 몸 안에 새기는 발자국으로

 돌고 있는 여름의 허리여 사람이여

 바퀴살을 잃어버린 바퀴처럼
 심지를 태우는 촛불처럼—아름답다, 영원히 박수
도 없이 결승선을 지나는 순간과 함께

 맴맴맴맴 끝도 없이 이어지는 색깔놀이
 그리고 부러진 화살과 찢겨진 과녁으로

갇혀진 어둠

뿌리를 허공에 던진다. 뿌리가 허공에 쌓인다.

목장갑 하나 먼 하늘에 걸려 있다. 다시는 운명을 보여주지 않을 것이다. 잘린 손바닥마다 붉은 칠을 하고, 저녁이 주먹을 쥐었다 편다. 손바닥을 벗어나는 손금처럼

땅속 깊이 뻗어 있던 어둠이 뽑혀진다. 탈탈 털어내는 흙처럼, 밤

으앙, 울며 아기가 태어나고 으으, 울다 여자가 잠이 들고 으악, 울음도 없이 누군가 죽어간다.

문득 불빛이 사라질 때, 어둠도 바닥이 있을까? 몸은 허공 속으로 쑥 뽑혀진다. 문득 앞뒤가 사라질 때, 어둠도 보이는 것일까? 눈을 허공 속에서 탈탈 털어낸다. 문득 세계가 뒤집힐 때

여자는 붉은 목장갑을 끼고 화단에 앉아 울고 있었다.

허공마다 치렁치렁 엉켜 있는 뿌리들,

아기가 어둠을 헤치며 삐뚤삐뚤 걸어왔다. 다시는 이름을 지어주지 않을 것이다. 파헤쳐진 주소에서 말라가는 죽음처럼, 아침

나도 가끔 유리에 손자국을 남긴다

  우럭이 관 속에 누워 있다
  몇 마리 우럭들, 우럭의 영혼으로 헤엄친다 산 것들이 죽은 것의 영혼인 물속
  연기의 문장으로 맴을 돈다

  한생이 무덤 속이었던 우럭
  물속에서 타 죽은 우럭

  나도 가끔 창밖을 본다 철 지난 부음처럼 낙엽은 날아와 부딪치고 흘러내리는
  손자국, 한 칸씩 허공은 투명하게 질러놓은 관짝들이다
  가을은 눈부시게 출렁이는 공동묘지

  물살이 씻고 가는 비문처럼
  나도 가끔 방 안을 맴돈다 문 없는 집을 세워놓고 무섭게 달려 나가는 추억들이
  몸 여기저기를 찢어놓을 때

문이 없어 그 자리 뒤집히고 마는 마지막, 죽음은 육신만을 거두어가므로
　　나는 아무도 읽지 못할 문장
　　당신의 영혼으로 눕는다

　　활활 타는 장작의 머리카락,
　　어떤 죽음은 쏟아져야 한다 몸에서 풀려나는 연기처럼 삶이 닫지 못한 곳으로
　　인근 재개발 문 없는 노장에서

　　나는 벽돌 하나를 집어 들었다

그것을 말할 때

주인을 놓아버린 그림자의 암갈색 장화가 날아다니는 허공에 대한 은유

흐린 물의 수족관을 헤엄치는 물고기 떼

사라지는 순간이 얼마나 아름다운가에 대하여 태양의 칼날이 학살의 오후처럼 지나간 후
수평선에 썰어놓은 붉은 살점에 대하여

참수된 목처럼 대롱거리는 필라멘트 꺼져가는 눈빛이 쌓이는 식탁에 앉아

조금씩 부패해가는 질긴 고요를 씹으며 — 헤엄쳐라 헤엄쳐라 나를 떠나버린 그림자에게
내 몸의 텅 빈 수족관을 내어주는 시간

모든 바람이 물속에 뿌리를 내리고 보이지 않는 별들을 향해 붉은 잎을 흔드는 시간

맹세여 그러나 너무 많은 색깔을 칠해 검어진 하늘에 번지는 푸른곰팡이 희미하게 사는 파도 속으로―
헤엄쳐라 헤엄쳐라 열망의 텅 빈 깊이에 대하여

몸속을 지나는 물고기의 살점에 대하여

허공이 암갈색 장화를 신고 흐린 수족관 출렁일 때마다 넘치는 물 위를 건너갈 때

여기서 넘쳐 저기로 흘러가는 물의 수평선에서 찢겨나간 첫 장을 절망이라 믿을 때
눈 속의 필라멘트를 먼 하늘에 꽂을 때

곰팡이의 푸른 고요 속에서 주인의 몸을 일으켜 세우는 그림자에 대한 은유

식탁 위에서 대지를 만나는 물고기처럼

무덤 속에서 인간이 비로소 어둠을 헤엄칠 수 있는 것처럼
　밤이 오자 드디어 해방되는 그림자처럼

노아의 여름

　반짝이는 강물을 걷어 사막을 가로지르는 태양의 목에 걸어준다, 안녕
　가윗날 번개가 가르고 간 구름과
　깨진 거울 위로 떨어지는 빗방울

　그리고 장마가 시작되었다,
　모래를 나르는 선박의 하늘에서 진흙으로 갈라지는 파도의 땅으로
　끝없이 떨어지는 머리카락,

　우리는 목화 이불을 깔아놓은 방 안으로 헝클어진 골목을 들일 수 없었다
　이름만으로 아름다운 꽃들이 젖고
　새들은 날개를 우비로 사용했다,

　물거울 바닥과 물거울 천장
　어디가 비뚤어진 것일까,
　팽팽하게 서로를 당기는 천둥의 배경에서 도시는

죽은 물고기 떼처럼 사이에 떠 있었다

  머리에 불을 달고 서 있는 구름의 몸통이여, 촛농으로 녹아내리는 허공의 가슴이여
  외진 구석에 아무렇게나 뽑힌 깃털처럼
  계절을 도둑맞은 꽃처럼

  다시 누군가, 흐린 골목을 걷다 엄지와 검지로 우리를 집어 든다 해도
  액자 속에 갇힌 삭발의 태양으로
  녹슨 못에 걸린 깨진 강물로,

  모래의 피와 진흙의 심장으로 흘러내리는 상한 달빛일 것, 안녕
  목화 이불 속에서 성냥을 그으며
  제 머리를 태우는 번개여

  타는 냄새가 허공을 다 돌아 쓸쓸한 묘지 촛불처럼

서성이는 방 안에서
　나는 텔레비전을 본다,
　관 속으로 잘못 뻗은 아카시아 뿌리를
　씹어 먹는 시체의 표정으로

복제된 풍경화

붉은 화폭,
화가가 찢고 들어간 자리—피가 다 빠져나간
도시

버려진 붓끝으로 저녁이 온다

바람에게 눈을 달아주었다면 머리카락은 모두 망각 쪽으로만 휘날릴 것이다
뭉텅이씩, 풍경이 뽑혀나가는 자리에
가발처럼 심겨지는 어둠

나는 부스럼 자국 훤한 뒤통수를 열고는 눈꺼풀 없는 눈 하나를 동그랗게 그려 넣었다

그리고 이제는 눈물을 흘릴 차례,
오래 마르면
어둠도 유적이 된다 무덤의 풀밭처럼 머리카락 검은 갈기로 흩날리는 머리통 저 너머로

달려가는 시간의 소실점이

거대한 한 점, 밤이 되어 돌아올 때

한 점의 캄캄한 화폭으로
뜬눈일 때,
그곳에서 다시 사는 바람처럼 아무리 달아나도 과거는 끝나지 않을 것이므로
내 무덤에는 추억이 없을 것이다,
화가가 버리고 간

화구에 찔린 눈으로 아침이 온다

바람에게 머리카락을 달아주었다면 도시는 모두 폐허로만 남겨질 것이다
낱장으로, 어둠이 찢겨나가는 화폭에

눈물처럼 차오르는 풍경

폭우 지난

낙태된 아이의 태몽 속에서 호랑이 한 마리가 달려 나왔다

달릴 때마다 가죽에서 벗겨진 줄무늬가 올가미로 바닥에 던져져 있었다, 지난밤
나는 검은 올가미에 묶여 빗속을 끌려다녔다

햇살이 무지개를 펴는 저녁에도 젖니로 반짝이는 구름보다 등 뒤로 떨어지는 그림자를 나는 더 많이 보았던 탓이다

굴속이여, 한 끼니 먹이로 잡혀간 어둠에서 똑똑 듣던 물소리마저 끊어진
자궁이여, 송곳니의 빗물로 파는 깊이에서

문득 번개에 찔리는 정신으로 살았으므로

문득 천둥소리를 듣는다 산 넘어 강 건너

아침에 떼는 한 장 화투패로 뒤집히는 몸,
해몽의 긴 사설을 감고 호랑이가 마침내 제 붉은 가죽 볕 아래 펼쳐놓아도

어떤 꿈이 한순간 피의 파문으로 몸속에 던져지는 것처럼

알고 보면,
아스팔트 줄무늬 검은 도시에서 알고 보면 둥근 바퀴에 묶인 일과와 알고 보면 콘크리트 캄캄한 굴속에 누워
알고 보면,

무지개는 햇살에 물린 구름이 바닥에 흘리고 간 그림자일지도 모른다 지난밤, 호랑이 한 마리가 꿈속으로 뛰어들었다
알고 보면,

모든 빗물은 검은 올가미를 바닥에 두른다 묶인 자리에서 끌리던 꿈이 밑 없는 깊이에서 흩어지고

 갑자기 모든 아이들이 자명종 소리를 내며 울기 시작했다

바퀴 자국

　다음날 같게. 비가 개고, 시멘트 젖은 담장에 그림자로 서 있다가, 담장 밖으로 걸어가는 얼룩처럼. 새들이 앞발을 찾아 날아다니고 해가 첨벙, 고인 몸에서 솟구칠 때 혹은 바람의 물수제비 길게 휘어지다 종종종. 다음날 만나자, 나무에서 막 떨어진 입술의 따뜻함 돌멩이의 메아리. 울퉁불퉁한 무늬를 남기고 울음은 멀리 달려가고 없다, 웅덩이 — 누가 먹다 버린 사과 반쪽, 같은. 나머지 반쪽은 저무는 해가 베어 먹고 있다. 다음날 같게, 거울 속처럼 텅 빈 몸으로. 나무마다 주렁주렁 매달린 돌멩이가 새들의 웅덩이를 향해 힘껏 날아갈 때. 내 얼굴, 붉은 먼지를 지피며 조금씩, 조금씩. 다음날 같게, 영원한 다음날에.

물의 도감

엎드린 짐승의 등을 파고 한 그루 나무를 심었다
일어서서 달리기 위하여,
푸른 눈이 단풍으로 타오를 때까지 붉은 깃털이 낙엽으로 휘날릴 때까지

나는 너덜거리는 그림자를 달고 폭우 지나간 창틀 유리의 안쪽을 닦는 자

그리움은 언제나 맨 위쪽에 있거나 아래쪽에 있어
수도꼭지를 틀면 쏟아지는 번개이거나 천둥이거나

문득, 사라지는 것들에게 더 맑은 눈을 달아주기 위하여 둥글게 그려놓은 바다는 어둠처럼 깊었다

짐승의 등을 파고 나무를 심었다 움직이는 푸른 숲으로 녹음을 인 붉은 무리로
물은 일어서기 위해 나무를 키우고
물은 달리기 위해 짐승을 기르지만

톱날의 갈퀴가 꽃으로 피는 벌목의 화원에서
　터지는 물의 비명들, 총구의 부리가 날젖을 빠는 사냥의 공원에서
　심장을 가진 나무 혹은 잎을 피운 짐승
　인간이 토해놓은 노을처럼

　애초에 나는 흐린 피를 물려받았으므로
　아무렇게나 고인 웅덩이와 몸을 바꿨다

　바닥에서 서서히 감기는 눈망울처럼
　몸의 둘레가 벗어놓는 자리마다 너덜하게 새겨지는 그림자 그 얼룩으로 지워지며,
　나는 뿌연 창의 안쪽에서 폭우를 기다린다

　바위에 접붙인 아이들이 일제히 울음을 터뜨릴 때까지
　울음을 매달고 자라는 아이들이 바위를 깨뜨릴 때까지

꽃들의 작전명

   꽃들이 곡괭이 날처럼 서서 허공을 판다 부서지는 것들에 대해서라면
   햇볕의 누런 이가 씹어 먹는다,
   선글라스 검은 요원의 문산역까지 곡괭이가 지나갔던 자리를 지나가는
   곡괭이 소리

   나는 허공 속으로 북파되었다
   맹세의 긴 철로를 걸어 나는 캄캄한 중심으로 침투할 것이다, 열차가 들어오자
   앞뒤로 둘러지는 바람의 인계철선

   허공을 찢으며 문이 열리고
   나는 오랜 작전을 생각한다 맹목의 긴 막대로 잠입의 방향을 정확히 찍고 가는 요원과 함께
   나는 곡괭이 소리가 꽃처럼 피는
   남쪽을 지나
   허공이 뿌리처럼 뻗은 볕 속을 지나 그러나 허공을

접으며 문이 닫히고

열차가 떠나자, 좌우로 갈라지는 바람의 군화 소리
안내 방송 아래서
작전은 이미 누출되었다, 벽마다 침투로의 도면이 붙고
날마다 손을 묶은 손잡이가 있고
검은 창으로

나의 인상착의가 칸칸을 기록하며 지나갔다
꽃들은 곡괭이 날처럼 녹슬고 맹세는 문산역 곡괭이 소리가 찍어내는 노을로
텅 빈 플랫폼,
형광등 빛이 삽자루 날처럼 서서 허공을 메운다 사라지는 것들에 대해서라면

눈먼 요원을 데려가는 공익요원이

삐라의 나라

귀순은 없다
왼손으로만 바람과 악수하는 나무들
군중 속에
수천 장의 박수 소리

버스 창이 연발로 햇빛을 투척하고 지나가면
왜 나무를 가로수라 부르는지 안다

좌판 노인이 마는 국밥 속으로
가을이 왔다
두 장 천 원의 신발 깔창과 세 통 천 원의 대일밴드
가격은 낙엽을 닮았다
우수수

목에 걸린 꽃다발과 손 흔드는 환호의 나라
자주 꿈을 꾼다
보는 곳마다 팔랑개비가 돌고 만국기여 한 장씩 떼어내며

온다 오지 않는다 온다 오지
않는 그리운

사람들이 어귀마다 신발 깔창처럼
잠들어 있다 대일밴드처럼
국밥 위에 툭
내려앉는 낙엽처럼 초청 강연 플래카드가 공원 하늘에
신신파스처럼 후끈거릴 때

오래 꿈을 꾼다 있지도 않은 약속을
지키겠다는 다짐

가로수가 오른손 가득 햇빛을 들자 새들이 하나씩 종을 물고 날아올랐다
동쪽 하늘에 환한 불빛을 달고

비행기가 나타났다

맹아이며 농아인

   1

   맹인이며 농아인 사람은 점자를 읽으며 음악을 이해한다 내가 당신을 사랑하는 일은 적의와의 연대 같은 것
   잊고 싶은 일에만 이름을 써넣는 습관이 있다

   음악은 그렇게 시작된다 우주의 자장가인 천둥처럼

   (이천구 년의 밤이 지나가고 있다)
   죽음에게 죽음을 묻지 마라 모든 장례가 순교가 될 때까지

   모든 성지가 손가락으로 더듬어 순례를 떠나는 도시에서

   생명에게 생명을 묻지 마라 모든 생활이 전쟁이 될 때까지

(이천구 년의 낮이 지나가고 있다)

음악은 그렇게 사라진다 우주의 장송곡인 장마처럼

밤하늘은 매일매일 페이지가 찢어지는 거대한 점자책이다 내가 당신을 증오하는 일은 사랑과의 연대 같은 것
잊고 싶은 이름들은 습관처럼 줄지어 씌어진다

2

돌로 지은 집 돌로 지은 옷 돌로 지은 몸 채석장의 굉음으로 몸을 이룬 식구들이 고요를 펴서 말리는 시간 삐죽삐죽 소름이 자라 눈과 코와 입이 되는 시간 울퉁불퉁하게 구르는 질문들 덜컥 멈추는 바다 자그마한 소녀의 하얀 손에 들리는 돌멩이로 날아가 박히고 싶은 기차의 환한 창문마다 오돌토돌 불빛의 점자

들이 움푹진푹 빠지는 음계로 부를 때마다 피가 배는 음악을 칙칙폭폭 달궈진 돌이 쩍 하고 갈라질 때 갈라진 돌이 쨍 하고 깨질 때 깨진 돌에 환하게 비치는 햇살 아래서

만약의 생

만약의 생

창밖으로 검은 재가 흩날렸다 달에 대하여

경적 소리가 달을 때리고 있었다
그림자에 대하여

어느 정오에는 이렇게 묻는 사람이 있었다 왜 다음 생에 입을 바지를 질질 끌고 다니냐고
그림자에 대하여 나는 그것을 개켜 넣을 수납장이 없는 사람이라고

어김없는 자정에는 발가벗고 뛰어다녔다

불을 끄고 누웠다
그리움에도 스위치가 있으면 좋겠다고 생각하는 밤

신은 지옥에서 가장 잘 보인다

지옥의 거울이 가장 맑다

우주의 저수지

　문득 눈을 감자 눈에서 잘려나간 시선이 목도리처럼 날아갔다 사랑해 그러나 돌아오지 않았다

　나는 그때부터 있다
　외진 저수지가 그 처음을 허구 중에 던질 때 그 허구

　행성의 눈물샘이 행성의 조각 하나를 가라앉게 하는 일이 우주의 저녁이다

　나로부터 나에까지 끝없이 달아나는 가운데 너
　너로부터 너에까지 끝없이 쫓아가는 가운데 나

　행성의 조각 하나가 행성의 눈물샘을 반짝이게 하는 일이 우주의 아침이다

　너는 그때까지 있다
　외진 저수지가 그 끝을 맹세 중에 띄울 때 그 맹세

문득 눈을 뜨자 눈으로 뛰어드는 시선이 목도리처럼 날아왔다 그만해 그러나 놓아주지 않았다

타자의 시간

그곳에 꽃이 피었다는 소식
그리고 봄에 대한 의심

그곳에 별이 빛난다는 소식
그리고 밤에 대한 의심

당신의 소식은 늘 당신보다 앞서 있다 나보다 앞서 있는 나의 의심처럼
나는 당신 소식을 봄밤에 들었다

그곳에서 귀는 뜨거울 때마다 붉어지는 장미의 한 잎이라
깨물면 저녁이 피를 토하고 쓰러지지

나는 호수로 가 당신의 귀를 만진다 당신의 입술을 잘라 붙인 물수제비들
소식들의 수평이 구멍을 열면

장미는 빛깔로만 피었다 지지
마침내 돌아오지 않겠다는 말,

꽃들의 형장에서 소식은 온다 당신의 귀와 당신의
입 사이에서 꽃들이 목을 잃고 쓰러질 때 꽃잎처럼
호수는 폭발하고 꽃잎처럼 입을 열고 귀를 열고 꽃잎
처럼 온몸 구멍을 모두 열면 다시 온몸의 구멍마다
꽃잎처럼 의심이 피어나는 봄밤의 축제로부터

나는 밖을 잠글 수 없어 안을 잠그고 잔다
모든 생활은 드디어 반복되고

모든 사랑은 드디어 중첩된다

꿈 밖에서 잠들다

사각의 방에는 외미닫이 창문이 달려 있고 밤낮을 보아도 풍경의 모서리는 모두 네 개

날마다 벽지 속에서 길을 잃는 바람이 있다 꽃 단 상여가 고개를 넘는 것은 흔한 일,
건기의 무늬가 덜컹거리며 계절을 넘어가고

밤낮을 돌아도 계절의 모서리는 모두 네 개

중력은 긴 못으로 나를 바닥에 박아버렸다—이것이 고행의 형식이라면 어쩔 수 없이, 우리는 모두 구원받을 것이다

중천을 그으며 형광등은 마른 모래를 쏟아낸다 꽃 핀 사내가 길을 잃는 것은 흔한 일,
사막 가운데 모래 산이 생겨났다 사라질 때

그 모래시계에 맞춰 우주가 회전하리니

모든 무늬는 기록이다 해와 달의 지문인 바람이 몸의 문서에 찍어놓은 얼굴로 누워

이 생과의 계약이 오래 아프리라는 것

밤낮을 살아도 묘혈의 모서리는 모두 네 개,
커튼 사이로 어제는 찢긴 치맛자락을 펄럭거리고 창을 열면 한꺼번에 오늘이 쏟아져 들어왔다

오지의 비유

나는 한쪽 다리를 잃은 사람의 잘려나간 다리처럼
누워 있다,
누군가 창을 닫고 지나간 하늘—불 꺼진 중환자실
빈 침대에 남은 핏자국처럼

나를 버려두고 또각또각 목발 소리를 내며 청춘은
어디론가 가버린 것 같다
피 묻은 붕대를 풀어놓는 노을 속에서,
나는 잘린 부위부터 검게 썩어갈 것을

안다, 저녁은 진창을 딛다 벗겨진 장화처럼 몸의
습지 가운데 박혀 있다
그 속으로 발을 딛는 사금파리 잔빛들이
몸의 깊이를 찌를 때,

어둠이 가위를 들고 와 장화의 목을 잘라 간다
몽롱한 소독약 냄새를 풍기며
안개는 물풀처럼 돋아나고, 긴 심박 그래프로 꺾어

지는 시간의 꼭지점마다

  또각또각 별들은 목발 소리를 내며 뜬다, 추억은 썩지 않는다 흙 속에 묻힌 고무장화
  상한 껌처럼 질겅질겅 씹히는 바람 속에서,
  나는 바짓가랑이 빈 단으로 펄럭이며

  본다, 달려가다 먼 허공에서 사라지는 별똥별에 대하여
  사라지다 문득, 빛나는 순간에 대하여—고요로 답하는 창이 밤의 습지에서 끓고 있다
  불 꺼진 중환자실 빈 침대에 달린 바퀴처럼

  인생은 아무렇게나 꺾인 복도를 통과 중이다
  나는 여기 머문 채 멀리 떠날 것이다 온종일 형광등처럼 켜져 있는 몸 깊숙이,
  처박힌 장화가 영원히 찍어놓은 발자국으로

얼굴의 고고학

눈먼 자의 얼굴에는 가라앉은 대륙의 지도가 그려져 있다

지팡이 하나로 받쳐놓은 대륙

오래된 폐허를 헤집기 위해 사람들은 안경을 쓰고 거리를 나선다
발굴은 보이지 않는 것을 보지 않는 것

나는 사랑이 붉은 녹을 안고 쏟아지는 대륙을 지나가는 중이다
사랑해

간혹 수십 세기 대개 수천 세기 전의 유물로
멧돼지를 잡거나 수수를 자르거나
바다를 건널 수 없다는 것을 안다

눈먼 자에게 아직 남아 있는 눈으로 그 형태와 쓰

임을 짐작할 뿐
  누구도 자기 얼굴에 그려진 지도를 읽지 못한다

  사랑해 마음의 박물관에 진열되는 고백으로부터

  뒤늦은 의미를 찾기 위해 사람들은 안경을 쓰고 서로를 바라본다
  폐허는 보이는 것을 보는 것

  눈먼 자의 머리 위로 새 떼가 하늘을 돈다 마지막 한 마리가 앉았을 때 위태롭게 가라앉는 대륙처럼

  나의 사랑은 눈먼 자의 눈 속에 있다 깃털 무게에 눌려 침몰하거나 먼 하늘에서 빙빙 돌 뿐
  나의 대륙은 지평선을 허락하지 않는다

  언제나 새롭게 발굴되는 폐허의 얼굴로

유리관 안에 놓인 촉처럼 돌도끼처럼 누운 돛대처럼
대지를 잃고 빛을 잃고 미래를 잃고
사랑해 눈먼 자의 예쁜 눈 화장처럼

아침마다 세면대에 물을 받아 붉은 지도를 더듬는
다 눈을 뜨면
물과 함께 수만 세기가 빠져나간다

이제 나는 부러진 지팡이를 짚고 눈먼 자의 얼굴을
찢으러 간다

눈에 지팡이를 꽂을 수도 지팡이에 눈을 달 수도
없는 이유로

장미

    넝쿨은 연기의 형상으로 피어오른다. 뿌리가 불길의 방향을 그리는 곳에 가득, 어둠이 지펴진 것처럼. 도시가 폐허를 닮은 것처럼. 불꽃은 잔해 속에 깜빡인다. 타다 만 어둠을 헤집고 노는 아이의 흰 막대가 검은 심장을 찔러 그 끝에 꿰고 달려갈 때, 멀리서 엄마, 하고 소리칠 때. 멀리의 엄마, 한 포기 연기여. 가슴 속 텅 빈 심장 자리에 아이를 안을 때. 피는 꽃잎은 지는 낙엽의 빛깔이다, 얼마나 멋진 시작인가. 타는 낙엽은 봉오리 꽃잎의 빛깔이다, 얼마나 멋진 끝인가. 아이가 엄마의 얼굴이 되는 동안 엄마가 아이의 얼굴이 되는 동안, 밤의 아궁이에 환한 넝쿨로 타오르는 어둠의 심장, 화상 자국은 장미를 닮았다. 그러나 달리다 멈춰도 그대로 둥근 바퀴처럼, 떠나도 늘 앞에 있는 도시처럼.

리코더

　흐르는 거리, 허공의 구멍을 세는 구름이 하나씩 손가락을 부러뜨린다.
　청바지를 입은 몸에서,
　목걸이를 건 목에서.

　잘려나간 얼굴들이 알 수 없는 표정으로 하나씩 아픈 약속을 깨문다. 흐린 바닥에서 번지며,
　　　　　미안해, 별
　하나를
　지웠어, 놓쳐버린 종이컵에서
　쏟아진 구름이.

　흐르는 거리, 허공의 구멍을 더듬는 손가락들이 조금씩 옷자락을 타고 오른다.
　청바지에서 빠진 푸른 물이,
　목걸이가 만든 올가미가.

　반짝이는 구멍으로 깊어지던

밤하늘 검은
노래 하나를, 그리고
더는 꼽을 수 없는 손바닥 아래에서
구겨진 종이컵.

구겨진 구름아. 바닥에서 뒹구는 머리가 질척이는 얼굴을 풀어놓을 때,

흐르는 거리, 한 다발 찢긴 악보로 피는 어둠이 향수를 파는 상점 네온 위에서 떨고 있다.
부러진 손가락들이 짚고 있는 별자리처럼
목 아래 가지런히 단추를 달고.

        나는 모든 노래의 끝에 채워져 있다,
얼굴을 잃어버린 마네킹처럼.

아무 날의 도시

식당 간판에는 배고픔이 걸려 있다 저 암호는 너무 쉬워 신호등이 바뀌자
  어스름이 내렸다 거리는 환하게 불을 켰다
  빈 내장처럼

환하게 불 켜진 여관에서 잠들었다
뒷문으로 나오는 저녁

내 머리 위로도 모락모락한 김이 나는지 궁금하다 더운 밥이었을 때처럼
  방에 감긴 구불구불한 미로를 다 돌아
  한 무더기 암호로 남는 몸

동숭동 벤치에서 가방을 열며 나는 내가 가지지 못한 내과술에 대해 생각한다
  꺼낼 때마다 낡아 있는 노트와 가방의 소화기관에 대해

불빛의 내벽에서 분비되는 어둠의 위액들 그 속에
웅크리고 앉아 나는
　너를 잊었다 너를 잊고 따뜻한 한 무더기
　다른 이야기가 될 것 같다

　한 바닥씩 누운 배고픈 자들이 아득히 별과 별을
이어 그렸을 별자리들 저 암호는
　너무 쉬워 신호등이 바뀌자
　거리는 환하게 어둠을 켰다 빈 내장처럼

　약국 간판에는 절망이 걸려 있다

투명한 순간

과거는 주민등록등본 속에 잘 있고
미래는 보험증권 속에 맡겼으니,
이제 최초의 나를 찾으러 가자—그것은 구름이 허공에 떠 있는 첫번째 조건

놀이터에 아이가 벗어놓고 간 잠바처럼
그네 위에 앉은 새처럼

나무들이 제 잎의 초록을 산책할 때, 잎에서 그림자까지 투명하게 던져놓은 낚시줄로 혹은
뿌리가 허공에 펼쳐놓은 그리움으로

내 몸은 의사가 말해주고
생각은 검은 넥타이, 검사가 가늠해주니—이제 최초의 울음이 사라진 그곳으로
최후의 울음을 울러 가자

구름이 허공을 가두는 마지막 조건처럼

비가 내린다

떨어질 때에만 잠깐, 유효한 이름으로 비가
쏟아질 때에만 잠깐, 완전한 몸으로 비가
흩날릴 때에만 잠깐, 퍼지는 생각으로 비가

부서질 때에만 잠깐, 과거를 돌아보는 비가
버려질 때에만 잠깐, 미래를 내다보는 비가
사라질 때에만 잠깐, 죽음을 비추는 비가

허공에서 바닥까지 투명하게 당겨놓은 가닥으로 혹은 그 가닥 뜯고 가는 시간으로
비가 제 몸의 투명함을 산책할 때,

비로소 처음의 지붕을 처음의 창문을 처음의 도로를 달리는 차들과 나무와 잎과 피어오르는 공기를,
마지막으로—그것은 구름이 허공을 가지는 유일한 조건

나는 아이가 벗어놓고 간 잠바처럼
그네 위에 앉은 새처럼

공터의 달리기

　오늘은 당신 마음을 말아쥐고 계주를 하겠습니다. 첫번째 눈사람이 두번째 눈사람에게 두번째 눈사람이 세번째 눈사람에게. 결승점을 통과하면 쓰러져 엉엉 울겠습니다. 서로 키를 바꾸며 서로 표정을 바꾸며 서로 그림자를 바꾸며. 오늘 당신 마음은 따사합니다, 달궈진 불판처럼. 오늘 당신 마음은 붉습니다, 불판의 고기처럼. 한 점 불덩어리를 삼키고 죽음이 살찌는 한낮. 뜨거워 뜨거워 뜨겁게 달리겠습니다. 기꺼이 먼 석양 붉은 물살이 되겠습니다. 그러고도 오직, 여백인 나. 첫번째도 두번째도 세번째도 다 돌고 나면 겨울은 공터만 남겠지요. 트로피처럼 바닥에 놓인 검은 모자와

우리가 헤어질 때

가을은 아무것도 결정하지 않았고
우리는 이별의 방향을 모른 채 걸었다, 나무들의 돌팔매질—날아가는 붉은 심장들

어떤 인사는 꿈 같아라 꾸지 않은 꿈에서 깨어나기 위하여 누운 적 없는 바다을 쓸어보는 일
잠든 적 없는 시간을 짚어보는 일

그리고 손바닥을 펼치고 물끄러미

지나간 모든 이야기는 운명이 된다, 다가온 모든 이야기가 우연이었듯 다가올 모든 이야기의 방향으로

우리가 우연의 길목마다 그려놓은 운명의 지도를 찢으며 서로를 스쳐갈 때

가을이 왔습니다, 다가오는 이야기
가을이 왔습니다, 지나가는 이야기

꾸지 않은 꿈이 잠 밖으로 손을 내어 쓰다듬는 인사처럼, 몸 밖으로 꺼내놓은 심장이여
 붉은 피가 흐린 손금을 타고 흘러갈 때

 문득 우리는 고개를 들고 바라본다 바람이 유리 상자에 햇볕을 담고 날아가다
 슬픔에 부딪쳐 쨍, 깨져버린 높이에서

 아픔 없는 증상으로 반짝이는 구름을

 그리고 손을 흔들며 물끄러미—우리는 서로의 방향을 모른 채 걸었다, 나무들이 터질 듯한 심장을 이별을 향해 던지기 직전

터지는 노래들

　목화빛 별의 현들이 포도나무 가지 사이에 걸쳐 있다, 바람이 건드릴 때마다
　아름다운 허공—너는 하나씩 환한 구멍을 매달았다
　포도알을 씨째 삼키는 목구멍

　좁고 막다른 골목에서 만난다
　너는 진보라 투명한 빛깔의 노래를 따 한 알씩 나의 입속에 넣어주었다
　씹으면 터지는 어둠의 심장을,
　심장에서 흘러나온 검은 피가

　조금씩 귀가의 순간을 채우며
　몸 안의 얼룩으로 몸 밖의 얼룩을 지워갈 때, 마음의 뜨거운 바닥에서 데워진 슬픔이
　세계의 목구멍에서 끓어넘칠 때
　그곳은 영혼의 작은 정원

　우리가 처음 사랑한 무성한 폐허에서

눈알을 삼킨 눈으로 본다,
수천 개의 이파리로 펄떡이는 심장을 달고 하나의 커다란 구멍으로 열리는 허공과
우리가 함께 안았던 적막,
그곳은 별들의 농장

쓰레기를 버리지 마시오, 푯말로 기울어지며
나는 터진 봉투
아래로 스며나온 끈적한 기억 위에 버려진 목화솜 그 이불의 뜯겨진 속 혹은
깨진 소주병 담장에 찔린 포도나무이거나

목화솜 이불을 움켜쥔 포도의 넝쿨순,
그러나 나는 여기
영원히 끝나지 않을 귀가의 순간에 갇힌 텅 빈 골목, 어른거리는 그림자의 커다란 구멍 속에─멈춰 선 회오리처럼

너는 적포도주 서늘한 노래를 내 몸에 붓는다
나는 취해
허공의 심장이 뿜어놓은 세계를 다 만질 수 있을 것 같다, 검은 가지로 뻗어 있는 바람과
마음의 바닥에 눌어붙은 슬픔과
별들의 웃자란 목화밭을

화약의 둥근 환처럼 뚫린 어둠의 열매들이
솜빛 환한 연기를 지피며 터질 것 같아, 나는 두 눈을 가리고 서 있다
너는 씨째 삼켜지는 포도알처럼

내 얼굴은 간신히 매달려 있다

 소나기가 염없이 쏟아지다 번개를 짚고 허리 펼 때, 나는 종로2가 사케집에 앉아 당신 뒤편 판자가 눈 뜨는 것을 본다. 내 머리에서 자라던 가지 두 개 부러지고 그 가지 캄캄한 아궁이에 지펴질 때, 한순간 번개가 치고 내 머릿속 옹이도 번쩍, 눈 뜨는 것 내 눈이 비로소 당신을 보는 것, 몸의 아궁이가 타는 것. 그 위에 한없이 뜨거워지는 한 솥의 얼굴을 걸고 비 그치면, 검은 손잡이 코를 잡고 열어볼래? 붉게 익은 심장을 푹, 찔러볼래? 식탁에 얇게 썰어볼래? 산산이 켜진 판자처럼. 오랜 뒤 당신의 몸속에서 번쩍, 눈 뜨는 심장. 그리하여 소나기가 염없이 쏟아지다 번개를 짚고 허리 펼 때, 내 눈 까맣게 머리에 박혀 옹이로 깊어지고, 부러진 가지 두 개 한 손에 쥐고 가는 당신이 있고, 여름이 있고. 나는 종로2가 사케집에 앉아 당신 뒤편 옹이가 눈머는 것을 본다.

포로들의 도시

묻지 마, 어디서 왔냐고.

찰칵대는 심장이 마음의 캄캄한 암실에서 현상하는 몸,
수음으로 잉태된 생명—사랑에 대하여.

묻지 마, 언제냐고.
터미널,
수천 년 전으로부터 버스가 도착하고
수천 년 전부터의 기다림이.
그리고,

먼 강에서 주워온 자갈 속에 무덤을 짓고,
흐름의 오랜 침대.
숨죽임.
아프게 일그러지는 얼굴에서 흘러내리는 강물의 푸른 화석, 그 무게로 서로의 이름을 내리치고.
도망치자, 수천 년 전으로부터

수천 년 전으로.

너는 바닥에 떨어진 손을 꼭 쥐었다.

나는 차표를 접어 물에 띄웠다.
묻지 마,

구름은 버려진 종소리처럼 펼쳐져 있다, 쓰다가 북북 찢어버린 편지처럼.
저녁은 종탑에 올라 한 장 한 장 구름을 불사른다.
종소리가,
검은 재가 되어 떨어진다.

처음의 무성한 풀밭 위로.

묻지 마, 모든 그림자가 나를 떠나버린 밤.
웅웅거리는 어둠의 폐벽에 귀를 대고 엿듣는다. 저만큼의 슬리퍼 한 짝과 열에 뜬 흰 벽,

소읍 산부인과 불 꺼진 복도에 주저앉아
우는 여자,
붉은 환자복에 엉겨 꾸들꾸들 말라가는, 한 목숨의
처음이자 마지막 울음을.

모든 그림자가 너를 덮쳐가는 밤.

쳐다보면 눈이 속는 것을,
만져보면 손이 속는 것을.

묻지 마, 왜 떠났냐고.
그것은 알 수 없는 구령의 불복할 수 없는 전언―
우주 저편에서 불어온 바람이거나
눈을 겨눈 총구 혹은 모든 시간의 자살,
사라진 근원에 갇혀 돌고 있는
피의 우물.

마지막 버스는 목숨의 말라붙은 강으로 출발한다.

자갈 같은 창문을 달고서,
  수천 년 전부터 도망치는 잠을 싣고서.
  끝없이 그리워라, 물결의 창 너머
  푸른 손을 흔들며.

  묻지 마,

  중력의 울타리를 친 행성의 서러운 수용소에서
  줄지어 밥을 타러 가는 이유에 대하여.

우리는 이렇게 살겠지

우리는 이렇게 살겠지
공원 벤치에
누워서 바라보면 구름의 수염 같은 나뭇잎들 누워서 바라보면
하얗게 떨어지는 별의 비듬들
누워서 바라보며
칼자루처럼
지붕에 꽂혀 있는 붉은 십자가와
한켠에 가시넝쿨로 모여 앉아 장미 같은 담뱃불 뒤에서 맥주를 홀짝이는 어린 연인들의
눈치를 살피며
우리는 이렇게 살겠지
버려진 매트리스에 붙은 수거용 스티커를 바라보며 한때의 푹신한 섹스를 추억하며
일주일에 한 번씩 종량제 봉투를 꾹꾹 눌렀던 손을 씻으며 거울을 바라보는 얼굴로
어느 저녁엔 시를 써볼까
어둠 속에서 자라는 환한 그림자를 밤의 기둥에 쿵

쿵 머리로 박으며
　방 없는 문을 달고 싶다고
　벽 없는 창을 내고 싶다고
　이상하게 생각할까 봐
　오래 눕지도 못하는 공원 벤치 빨간색 파란색 노란색으로 칠한 조립식 무지개처럼
　우리는 이렇게 살겠지
　별이 진다 깨진 어둠으로 그어 밤은 상처로 벌어지고 여태 오지 않은 것들은 결국 오지 않는다는 걸
　알면서도
　언제나 그대로인 기다림으로
　우리는 이렇게 살겠지
　너는 환하게 벌어진 밤의 상처를 열고 멀리 떠났으니까
　나는 별들의 방울 소리를 따 주머니에 넣었으니까
　바람 불 때마다 방울 소리 그러나
　나는
　비겁하니까

어떤 혁명의 시작

나는 이 저녁을 알고 있다 햇빛의 가시에 찔려 피 흘리는 창문들,
(햇빛은 자라나는 선인장처럼)
나는 이 저녁을 알고 있다 어둠의 꼬리를 물고 맴을 도는 도로들,
(어둠은 기어가는 도마뱀처럼)

나는 이 도시를 알고 있다 선인장의 가시처럼 도마뱀의 꼬리처럼

불 켜진 구름이 간다,

첫번째 모래가 하루를 지고 가서 돌아오지 않았다
두번째 모래가 이틀을 지고 가서 돌아오지 않았고
세번째 네번째 모래가 닷새를 지고 가서 돌아오지 않았다

시간이 두 팔을 벌려 가시 달린 뱀의 몸통을 안는다,

불탄 적 없는 재가 하얗게 날린다

뭉쳐지지 않는 시간을 던지기 위해 나는 허공에 창문을 달았다,
(환하게 던져져 부서지기)
뭉쳐지지 않는 시간을 굴리기 위해 나는 바닥에 도로를 닦았다,
(까맣게 달려가 깨어지기)

뭉쳐지지 않는 시간의 하얀 모래여, 부서지고 깨어져서 자디잘게 빻고 나면 스치는 늙은 비에도 물큰한 한 덩이 반죽 진흙의 도시로 다시 돌아오겠는가?
선인장의 꽃과 도마뱀의 날개

불 켜진 구름이 간다

선인장의 꽃과 도마뱀의 날개

미끄러지며 할퀴고 가는 모래의 행렬이 수많은 창문을 달고 반짝이는 시간을 나는 알고 있다

불의 가슴이 하얀 재로 날리는 시간,

햇빛은 누가 심었을까? 찔린 가시로 꺾이는 저녁이
어둠은 누가 키웠을까? 잘린 꼬리로 뒹구는 저녁이

창문을 넘어온다, 내 사랑의 공화정부를 허물기 위해
도로를 달려온다, 내 욕망의 민주주의를 죽이기 위해

미끄럼틀

꽃들의 귀가

관이 이동한다 땅을 덮은 아스팔트를 따라
둥근 바퀴를 달린다, 어디에 닿아도 무덤이므로

지구는 뜨거워지고 있다 풀잎도 지기 전에
먼저 뿌리를 태운다, 어디를 가도 화장터이므로

모든 행성은 천국을 향해 돈다
이곳에서 저곳으로
저곳에서 이곳으로,
(누구도 태어난 곳에서 죽지 못한다)

나는 버스 안에 있다
이 별에서 왜 우리는 모두 같은 배역을 맡았을까,
사각의 관 속에서도
 나는 주인이지 못했다 붉은 복토로 덮인 차창에 희미하게 끼워지는,

 나는 시간의 부장품이다

어느 날 밤이 왔다

이야기 끝에 나는 마침표를 찍었다 밤이 왔다
우주에 찍힌, 지구라는 점 하나

얼마나 많은 복선이 있었을까 가지런히 접으면 이
야기도 뒷면을 보인다 다시 펼쳐질 때까지
어디론가 배송되는 지구를

가슴을 뚫고 가는 진압군의 총탄처럼
밤이 왔다,
도로에 가로수에 담벼락에 창문에 커튼에 가구에
천장에 방바닥에 까맣게 박히고 나면 죽은 듯

잠들어야 했다 그리하여 지나간 것들은
지나갈 것들의 군대,

운명은 기소되지 않는다 퇴각할 줄 모르는 반란군
의 걸음처럼 비틀거리며 몸속으로 잠입하는
일상의 얼굴들이,

낡고 붉은 우편 가방을 메고

먼지 나는 풀색 트럭에 실려
가장 깊숙한 곳으로
가장 안전한 피난처로, 서러움과 슬픔과 쓸쓸함과 아리도록 그리운 분노와 함께
밤이 왔다 달리는 바퀴처럼

지구에 찍힌, 우주라는 점 하나
누군가 먼 하늘 접힌 별자리를 하나하나 펼치며 다시 이야기를 시작한다

다른 곳으로 꿈꾸러 간다

이를테면 서울에서 여수까지 철로의 길이만큼 긴 기차
달리면 그대로 뛰어드는 바다

푸른 불꽃을 재우는 무덤을 타고 꿈은 수평선을 넘어간다

멈추면 그대로 가라앉는 바닥

우리는 신발 위에서만 여행을 떠났다 우리가 가진 가장 깊은 바닥 속에서만
서울에서 여수까지 여수에서 서울까지

하나의 선으로 이어진 발자국 너머에서

바다가 반짝이는 비명을 뭉쳐 둥근 무덤 물 위로 밀어올릴 때

슬픔의 검은 심장 고래여 낯선 대륙의 가을이 눈빛마다 낙엽 지고 지나온 도시의 불빛들이 떼 지어 헤엄치고
모든 이별이 입 속에 검은 수초를 키우는 때

바다는 흐린 안개를 지피며 빨갛게 폭발한다

그러나 어떤 경종 소리도 들리지 않았으므로

이를테면 서울에서 여수까지 기차의 길이만큼 긴 플랫폼

하나 둘 셋 그리고 우리는 신발을 벗고 철로로 뛰어내렸다
하나의 선을 따라 타들어가는 불꽃을 달고

하나의 선의 끝에 매달아놓은 화약을 향해

우리가 잊혀질 때

폐허에서 어둠을 길어 와 몸의 구멍 속에 붓는다

검은 고무로 끓고 있는 바닥,

얼굴이라는 기포들—날아가지 못하고 그 자리 터지는 눈빛들, 웃음들
서서히 꺼져가는 방 안에서

나는 낮의 외투를 벗은 밤의 알몸을 안았다 그림자를 쪼아 먹는 까마귀처럼,
어둠의 딱딱한 부리가 발라내는 슬픔을

우리는 알고 있었다 모든 빛깔의 합인 검정과 모든 풍경의 합인 어둠과 모든 슬픔의 합인 몸이

다시, 서로의 폐허를 껴안고 캄캄하게 합쳐질 때

발바닥에서 머리카락이 자라는 것 같았다, 어둠의

속도로 길어지는 발자국들
  팽팽하게 당겨지다 그 끝을 짚고 툭, 끊어질 때

  드디어 몸 밖으로 넘치는 어둠의 주물 속으로

  한 발 다음에 더 깊이 빠지는 한 발을 디딘다,
  까마귀를 쪼아 먹는 그림자처럼

  폐허의 발밑에는 바닥이 없다 검은 고무를 뒤집어 쓴 얼굴들이 하나하나 소리 없이 터지는 방,

  우리는 발자국 속에서 끓고 있었다 몸의 마지막 구멍을 휘저으러 ― 슬픔은 걸어서 오는가,
  퉁퉁 불은 머리카락으로 휘감기며

  나는 삶의 얼굴을 벗은 죽음의 표정을 보았다

소 · 沼

커튼이 부풀어 오르고 있다

칼로 찌르면 와르르르, 바람의 내장이 쏟아져 나올 것 같다

얇은 막의 이쪽과 저쪽,
당신이 떠난 곳에서 당신이 떠나간 곳이 부푸는 것을 본다 당신의 시간과
나의 시간도 저렇게 한 장
막으로 나뉘었겠지만

난감하게, 돼지 내장을 받아내던
세밑의 고향 풍경처럼

더는 산 채로 당신의 시간 속에 부려질 수 없음을 안다

복수 찬 배는 언제나 불룩했다

단추 사이로 삐져 나온 배는 때로 아기집처럼 둥글고 때로 봉분처럼 고단했다
가만히 손을 얹어보면,
내가 닿을 수 없는 시간 속으로 휘어지는 강의 주름이 만져졌다
뭉쳐졌다 흩어지는 흐름의 앞뒤처럼

어느 막대기를 꽂아도 짚을 수 없는 마음의 바닥이 천리만리 몸의 구릉을 다 돌고 사라질 때
사라짐이 만드는 고요한 물돌이가
스르르르 손금 속으로 감기는 것을 알 수 있었다,
그 손금 속에서 나는

묵밭을 갈면 돌밭이 되고 돌밭을 갈면 해골밭이 되는 마음의 열두 마지기를 오래 소작하였다

너머 또 너머

 숲으로 스며든 길이 먼 날망을 다 감아 이제 저 산도 수구의 염 끝난 한 큠입니다 앞도 없는 사무침이 묵은 속살을 파고 졸졸졸 푸른 내 하나 거느리네요 삼복의 하늘이 간간이 비를 뿌려 저 산이 산이라면 물속에 있구요 저 물이 물이라면 산속에 있는데요 저 산 저 물을 다 불러 술을 따르는 한 무리 가족도 어디 산 아닌 데 어디 물 아닌 데 없이 먼빛으로만 이웁니다 절을 할 때마다 나란히 쓰러지고 일어나는 몸은 꺾인 마음의 꼬챙이에 꿰어져 한 꿈 건너 한 꿈을 함께 앓겠지요 그 꿈 건너 생시의 저편이 생시의 이편을 향해 절을 올리는 정오 잔치처럼 푸른 몸들 다 살린 음식 한 상 그득 차려두고 앉았습니다 십 리면 십 리 아래서부터 이승 아닌 배고픔이 수만수천의 입으로 하얗게 밀려드는 것을 속절없는 안개는 도무지 산의 것인지 물의 것인지 묻는 요량도 없이 우리는 비 가린 천막 아래 향을 피우고 보았습니다 고기 한 점 휘익 물가로 던지는 아낙과 그 한 점 늑대의 턱처럼 낚아채는 바람을

오래된 북

 북은 온몸이 입이다 남의 가죽을 빌려 짓고도 봉해진 입, 갇힌 말이 둥둥 앞뒤로 꿰맨 틀 속을 돈다 쳐야만 열리는 입, 아픔으로만 살아 있는 것들이 있다, 둥둥둥둥 발소리 같기도 하고 바람 소리 같기도 한 요동이 고이고 고여 깊어진, 오래된 북의 안쪽에는 짚을 수 없는 허방이 있다 찢어봐도, 성대를 찾을 수 없다 번역할 수 없는 언어로 이승의 내막을 아파하다 사라질 뿐 어디서 시작되고 끝나는지 알 수 없다, 두 번의 수술 끝에 그는 호흡기를 달고 누웠다 심장 소리가 둥둥 좌우로 꿰맨 몸속을 돈다 눈물로만 말하는 입 제 가죽을 찢어 열고도 스스로 봉한 입, 그는 온몸이 북이다 가끔 나는 북채가 되어 그의 옆에 눕는다

추

  외발의 사내가 강둑을 걸어갈 때, 흙을 딛는 왼발과 둑을 짚는 목발이
  서로 밀며 나아갈 때 그 사이 허공을 딛는 오른발은
  중심의 무거운 추

  태양은 길고 투명한 다리로 흰 눈밭을 딛고, 그날은 사다리를 타고 올라가
    입가에 묻은 낮달을 닦아주고 싶은 날

    시간은 달리는 썰매처럼 지나가네
    겨울은 계절의 경사처럼

    돌아보면
    지나간 것들은 가파른 높이로 까마득해
    쓸모없는 오른쪽 신발처럼 바람 선반에 바닥을 맞댄 채 쌓였다가
    돌아보면,
    와르르 무너질 것 같아

공중의 미끄럼틀은 접혀졌네
그날 새들은
잿빛 몸을 강물에 덧대 한 올씩 기워내는 고요, 바늘땀처럼 사내는 강둑에
강물을 깁네 어느 바짓가랑이에 감길 수 있을까
먼 흐름처럼

태양의 중심에 꽂힌 사람들,

자작나무 잘린 팔을 잡고 날아오르는 눈보라가, 낮달에 타는 잿빛 털처럼
구름을 털어놓을 때,
휘도는 공기가 떨리는 살갗 솜털에 맺힌
흰 빛의 서리일 때

쳐다보면
앞서간 것들은 가파른 높이로 까마득해

헛발을 딛는 겨울이 아픈 배로 미끄러지는 강물과 젖먹이 물살을 달래는
　새들과
　그날은 허공이 빨래처럼 비어 있는 날, 버려진 자궁처럼
　누군가 주워 입고 가는 날

　태양이 강물 속으로 쑥 밀어 넣는
　왼쪽 발로
　비닐하우스 환한 등을 타고 가며 처음 마을을 불 지르고 다음 마을을 불 지르고,
　멀리서
　움푹진푹한 창문이 재봉틀 소리처럼 켜졌다
　꺼졌다

　켜지네
　외발의 사내가 강둑을 걷고 있다 가랑이에서 펄럭

이는 헝겊처럼
　공중을 기워 만든
　가랑이처럼,
　어둠이 강물이라는 신발을 신고 갈 때
　강둑이라는 목발을 짚고 갈 때

일어나지 않는 일 때문에 서해에 갔다

저녁이 하늘을 기울여, 거품 바다
그득 한잔이다.

속에서부터, 모든 말은 붉다. 불길 몸으로 휘는 파도의

혀.

돌아와 한 주전자 수돗물을 받았다.
이 위로, 몇 척의 배가
지나갔을까.

불에 올렸다.

허공에서 감자를 캐다

해의 알, 눈 감을 때만
보이는 검은 알
붉은 줄기에 달린 감자,
캐러 간다
눈 뜨면 불타는 감자밭(아이들이 허공에
감자를 먹이고) 눈 뜨면 환하게
재가 되는 감자밭,
눈 감고 간다
죽은 친구를 불러 간다
잠든 애인을 깨워 간다
바람 이파리 바람 이파리
볕 쨍한 대낮 공원,
목숨이 호미 같다
내일은 비
호미 날처럼 꽂히는
비, 감자알 같은
가슴팍을 내리치리라

인디언의 땅

 수목원에 간다 나무 사이로 난 길은 사라지고 길 옆에 난 나무를 지나간다

 수목원에 간다 숲을 허물고 지은 마을에서 숲이 있던 자리를 밟으며 간다
 물을 건너려 산을 등진 고라니처럼

 그녀는 전화를 받지 않는다 사랑은 끝나지 않는다 삼십억 년 전에도 우주를 떠돌고 있었을 오랜 그리움을 생각한다

 산을 넘으려 물을 등진 버들치처럼

 수목원에 간다 나를 키워준 가슴에 팻말을 달고 기다리는 부모를 만나러 간다
 부모끼리 저녁을 먹는 마을을 간다

 오늘은 먼 고향에 간다

옛 주인의 감옥에 간다

그녀는 전화를 받지 않는다 전파는 사라지지 않는다 삼십억 년 뒤에도 우주를 떠돌고 있을 긴 신호음을 생각한다

늙은 산들의 마을

플랫폼을 떠나는 기차를 따라
긴 머리카락,
붉은 잇몸을 드러내고 뛰어가는 소녀의 목 늘어난 티셔츠 속에서 동그랗게 부푸는
미래를
막아서서 흔들리는 아카시아

옛 운동장, 하늘을 도는 까마귀 떼

멸치를 우린 된장국에 스페인산 시금치와 중국에서 난
마늘을 썰어 넣으며
그리워,
이국의 화단에서 자라는 옛 마을 화초들을 하나하나 손가락으로 가리키며

모두,
이름을 불러주었다 어디든

거기가 고향이므로

여행자는 한 번도 떠나본 적 없는 자라고, 집시의 영혼 속에 유목의 낮은 기둥을 세우고
　버리고 온 시의 나라,
　푸른 지붕 위에서 별들을 만졌네

　또 어디에 집을 지을까?
　늙은 산들 위에서

　우산은 한쪽 팔에 걸어놓았어
　구름의 모퉁이 방울이 울리면, 길 건너 중국 식당까지는 아직도 멀고
　황급한 목소리 뒤에서
　바빌론의 그릇 조각들이 떨어져 내렸다,
　수천 년 전 주인의 손에서

　그렇게 사라질 것이다, 눈금으로 새기는 발굴의 도

면에 낯선 문자로 씌어지는 유적으로
  먼 대륙 낯선 후손들에게, 오래된 영혼의 폐허를
  점점이 시의 조각들로 고백하며

  아침 식탁에 오른 고향의 국물이거나
  꽃들이 지피는 향기처럼 알 수 없는 곳으로
  흘러가며

  그래, 사물이 견디는 시간에 대해
  유행가의 비틀거리는 가사를 병 속에 불어넣고서,
인간은 끝없이 파멸해가는 기호들이라고
  우리의 숙주인 물과 공기 그리고 세상 이전의 숙주인
  어둠을 함께 바라보았지

  끝없이 펼쳐진 노란 밀밭 속에 숨은 까마귀
  깃털을 뽑아 하늘로 날리며

반짝이던 먼지가 원을 그리는 운동장, 플랫폼 저편으로 멀어지는 미래처럼
　인사를 나누고 돌아서던
　어느 날,
　먼길에 들려준 김밥의 동그라미처럼

　밀밭에서 한꺼번에 사라질 밀들처럼

신의 생일

하늘 새장 속의 새들을
강물 어항 속의 물고기를
선물한다,
숲의 주머니에서 부러진 성냥을 꺼내 어느 섬나라
하얗게 눈 덮인 식탁 위에
화산을 켜고
노래해
뜨거운 용암이 차가운 도시를 적시기 전,
넘쳐나는 해일에 취해

어둠은 가장 많은 선물을 들고 창문을 넘어온다 태양의 참수대,
아침이 내일을 향해 열리지 않도록
어느 날
새들이 물속에서 건져지고, 식탁 위를
날아가는 물고기
축하해
이제 하늘색 포장지를 뜯어보렴

다음은 강물의,

초인종이 울리고
눈이 내린다,
초인종이 울리고
어느 날 지상을 덮었던 공기를 들추며 박수소리가 식은 들판에 연기로 피어날 때
어느 날 폭죽이 터지고, 웃음소리가 강물의 궁지까지 절뚝이는 바람을 몰아갈 때
냉장고보다 넓은 들판은 없었다
수도꼭지
쏟아지는 강물과

여름 장마를 닮은 촛불이 허공을 태워 한 채의 그을린 상자를 열면
날아라
봄 초록을 닮은 리본으로 나비를 묶고,
가을 꽃으로 핀

얼굴의 붉은 눈보라 속으로,
오로지 발자국 위에 발을 세우기 위해 몸속을 달려가는 다리처럼

새를 부를 수도 있다 하늘을 구겨 던지면 파르르르 깃털을 치는 새들의 새장에서
물고기의 눈
어항 밖을 바라보는 눈알의 동그라미가 빙빙 원호를 그리며 회오리치는 강물에서,
포장지를 뜯을 때마다 나타나는
낯익지도
낯설지도 않은 생일에

후 불면 한꺼번에 꺼지는
얼굴들
모든 나비가 연기의 끝에서 재로 떨어지고,
숲의 주머니에서 떨어진 성냥들이 길 위에 유황의 머리를 길게 펼쳐놓는다

잘가렴
화산구 언 바닥에 잠든 공기처럼
하얀 재를 뭉쳐 만든 눈사람처럼,
붉은 재물
날마다 처형되는 태양에게

0시의 자오선

어제는 병실에서 자정을 맞고 오늘은
가로수 스치는 차창 안에서
자정을 지난다

그때, 휘익 내 몸을 긋고 간 것
어제와 오늘 사이

1초와 1초 사이, 나를 갈라놓는 것—별자리를 긋
고 간 것

바람이 수북이 털을 깎는다 태양의 성기에서 쏟아
지는 등고선 흰 능선 하나가 취한 망나니

단칼로 떨어지는 0시의 자오선,
이별은 그렇게 온다 죽음은
그렇게 0시

나와 나 사이의

별과 별 사이의

발자국마다 그 주인의 키로 서서 바람은 물끄러미 스러지는 순간들을 바라본다, 추억의 처형장인 몸
　편지를 접어 봉투에 넣고

　우주의 낱장이여, 안녕
　시간의 단면이여 문을 닫는다 침대는 도마처럼 반듯하다 문짝과 문틀과 문틈으로 누워
　가만히 어둠 속에서 입을 벌린다

　물속에서 물풍선을 터뜨리듯—내 속의 어둠을 풀어놓는다

　아무래도 나는 부활할 것 같다

미끄럼틀

나는 오인되었다 불빛으로부터
아버지로부터
바람으로부터

나는 아직 도착하지 않았다

사이렌 소리로 떨어지는 불빛과 눈알만으로 굴러다니는 아버지와
바람이라는 함석 철판 사이에서

고개 돌릴 때마다 새롭게 생겨나는 후방으로

너무 빠르거나
너무 늦거나
비스듬히 잘려나가는

약속에 대해서라면 그림자에게
유전자에게

쉴 새 없이 머리를 잡아당기는 머리카락에게

나는 아직 출발하지 않았다

| 해설 |

적국에서 보낸 한철
— '포로'로서의 시인에 대하여

신 형 철

    때가 되면 예술가는 가출을 감행해야 하는데, 물론 그가 떠나는 집이란 바로 자기 자신이다. '일가를 이루었다'는 말은 대가들에게나 쓰는 말이지만, 젊은 예술가라고 해서 자신이 지은 집이 갑갑하게 느껴지는 때가 왜 없겠는가. 최근에 신용목은 신용목을 떠났다. 지난 두 권의 시집을 질적으로 이끌었던 작품들, 예컨대 「갈대 등본」이나 「바람의 백만번째 어금니」 같은 시와 함께 이 시인을 기억하고 있는 독자들은 이번 시집을 읽고 이제 그가 더 이상 그 집에 살고 있지 않다는 것을 깨닫게 될 것이다. 그의 가출은 내용과 형식 두 측면에서 동시에 진행된 것 같다. '내용'에 대해서 일단 간단히 말해두자면, 그는 그의 '고향'을 떠났다. 그는 이제 파리에서 몇 년을 보낸 뒤 이윽고 다음과 같은 말을 중얼거리게 된 릴케의 말테Malte처럼 보인다.

"그래, 그러니까 사람들은 살기 위하여 여기로 오는 거야. 내가 보기에는 오히려 여기서 죽겠다는 거 같은데"(『말테의 수기』). 지난 시집들에서 농경문화의 서럽고 아름다운 퇴적층들을 탐사했던 이가 이번 시집에서는 '살기 위해 도착해서는 오히려 죽어가는 곳'인 도시의 자서전을 적는 데 많은 비중을 할애했다.

'형식'에 대해서는 조금 더 길게 말하자. 그는 그의 '노래'도 떠났다. 이번 시집의 시들 중에서 단숨에 읽히는 것은 거의 없다. 단숨에 읽힌다는 것 자체는 좋을 것도 나쁠 것도 없는 일이다. 문제는 다시 읽게 만드느냐 아니냐에 있으니까. 단숨에 읽혀도 되풀이 읽게 만드는 시라면 나쁜 시가 아닐 것이고, 힘들게 다 읽어도 첫줄로 되돌아가게 만들지 않는 시라면 좋은 시가 아닐 것이다. 신용목의 시는 힘들여 읽게 하고 다시 읽게 만든다. 어떤 경우에 이렇게 되는가. 핵심은 난해함 그 자체가 아니라 난해함의 구조가 논리적인가 아닌가에 있는데, 우리는 어떤 난해함 앞에서 이것이 통제되지 않은 미숙함의 흔적인지 명석한 논리의 산물인지를 분별해야 한다. 최근 신용목 시의 난해함에는 논리적 구조가 있다. 몇 가지 기예를 (무)의식적으로 구사하면서 자신의 시가 편안하게 소비되는 사태를 막아낸다. 여느 시인들도 흔히 사용하는 방법들, 예컨대 문장을 한 연 안에서 완성하지 않고 다음 연으로 넘겨서 연과 연 사이에 긴장이 이완되는 것을 막는 방법 같은 것들을 제외한다면, 그는 최소한 세 가지 층위에서 난해성을 조직한다.

　나는 사랑이 붉은 녹을 안고 쏟아지는 대륙을 지나가는 중이다
　　　　　　　　　　　　　——「얼굴의 고고학」 부분

　첫째, 구문의 층위. 이 문장에는 문법적으로는 아무런 문제가 없지만, 나를 포함한 보통의 한국어 사용자들에게 이 문장은 단번에 이해되지 않을 것이다. 이 문장의 의미는 "나는 〔사랑이 (붉은 녹을 안고) 쏟아지는〕 대륙을 지나가는 중이다"로 분석되어야만 또렷해진다. 풀어 말하면 이렇다. '나는 대륙을 지나가는 중이다, 그 대륙에서 사랑이 쏟아진다, 그 사랑에는 붉은 녹이 슬어 있다.' 표준국어문법대로 말하자면 이것은 '안은문장' 안에 '안긴문장'이 있고 그 '안긴문장' 안에 또 '안긴문장'이 있는 문장이다. 영어식으로 말하면 두 겹의 복문(複文, complex sentence)인 셈이다. 관계대명사가 없는 한국어에서 이런 식의 문장은 가독성을 순간적으로 떨어뜨린다. 이 시 전체의 정황을 이해하는 데 성공한 독자라면 이 문장에서 사랑의 능력을 상실한 얼굴의 비극을 읽어낼 수 있을 것이다. 그러나 전체의 정황을 이해하는 데 실패한 독자들은 바로 이 문장 때문에 그렇게 됐다고 불평할 자격이 충분히 있다. (이 시에 대해서는 뒤에 다시 이야기한다.) 이런 식의 문장이 이번 시

집에는 수두룩하다. 눈에 띄는 또 다른 작시술을 보자.

>문득 눈을 <u>감자</u> 눈에서 잘려나간 시선이 목도리처럼 날아갔다 <u>사랑해</u> 그러나 <u>돌아오지 않았다</u>
>
><u>나는</u> <u>그때부터</u> 있다
>외진 저수지가 그 <u>처음</u>을 허구 중에 던질 때 그 허구
>
>행성의 눈물샘이 행성의 조각 하나를 <u>가라앉게</u> 하는 일이 우주의 <u>저녁</u>이다
>
>나로부터 나에까지 끝없이 <u>달아나는</u> 가운데 너
>너로부터 너에까지 끝없이 <u>쫓아가는</u> 가운데 나
>
>행성의 조각 하나가 행성의 눈물샘을 <u>반짝이게</u> 하는 일이 우주의 <u>아침</u>이다
>
><u>너는</u> <u>그때까지</u> 있다
>외진 저수지가 그 끝을 맹세 중에 띄울 때 그 맹세
>
>문득 눈을 <u>뜨자</u> 눈으로 뛰어드는 시선이 목도리처럼 날아왔다 <u>그만해</u> 그러나 <u>놓아주지 않았다</u>
>——「우주의 저수지」 전문(밑줄은 인용자)

둘째, 구조의 층위. 이 시는 반으로 접힐 수 있다. 보다시피 4연을 기준으로 전반부(1~3연)와 후반부(5~7연)가 서로를 마주 보는 대칭 구조로 돼 있다. 밑줄 친 부분들 중에서 같은 위상에 있는 시어들을 비교해보면 알 수 있듯이, 문장의 구조는 동일하되 사용된 단어들의 뜻은 반대이기 때문에, 전반부와 후반부는 거울상을 이룬다. 이를 기호로 표기하면 'A B C (X) -C -B -A'와 같이 될 것이다. 처음부터 이런 구조를 완성해놓고 쓰기 시작했다고 볼 수도 있겠고, 그것이 무리라면, 적어도 5연에서부터 시인은 지금까지 쓴 4연까지의 구조를 의식하면서 대칭 구조를 완성하기 위해 애썼을 것이다. 이것은 꽤 위험한 작시술이다. 설계한 구조를 완성하기 위해서 시상의 자연스러운 전개를 얼마간 포기하지 않을 수 없었을 것이기 때문이다. 그러나 이 시는 '쫓아가는-나의-사랑해'와 '달아나는-너의-그만해'가 이루는 내용상의 '관계적 대칭'이 형식상의 '구조적 대칭'과 절묘하게 호응하면서 자신의 필연성을 설득해낸다. 신용목은 「웃을 수도 울 수도 있지만」이나 「맹아이며 농아인」에서도 동일한 구조를 채택해서 이것이 일회적인 우연의 산물이 아님을 보여준다.

저기서 한 번의 폭발이 있었다. 바람의 찢긴 낱장마다 당겨진 노을의 불꽃처럼,

드디어 모든 빛깔을 암흑이 당겨갈 때.

——「탱크로리」 부분

셋째, 이미지의 층위. 위 인용 시에서는 "바람의 찢긴 낱장마다 당겨진 노을의 불꽃처럼"과 같은 구절이 또 한 번 읽는 이를 멈추게 한다. 이 짧은 구절 안에는 두 개의 이미지가 있고 그 이미지들의 관계에 대한 설명까지 있다. '바람의 낱장'이라는 이미지는 바람을 '불붙기' 쉬운 종이의 속성을 갖는 것으로, '노을의 불꽃'이라는 이미지는 노을의 시각적 붉음을 '불붙이기' 쉬운 속성을 갖는 것으로 바꾼다. 이 이미지들 덕분에 바람과 노을은 인화성 대상이 되었다. 그리고 '불을 당기다feed the fire'라는 관용구에서 가져온 "당겨진"이라는 서술어로 두 이미지를 연결해서 결국 불을 일으킨다. 이렇게 따져보면 이 화재가 바로 앞에 나오는 "폭발"의 결과이고 뒤에 나오는 "암흑"(모든 것이 시커멓게 타버린 상태)의 원인임을 알게 된다. 흔히들 하는 대로 문학 작품을 이루는 문장의 기능을 서사, 진술, 묘사로 분별해본다면 이 시인은 압도적으로 묘사에 치중하는 유형이고, 이미지가 적재돼 있지 않은 문장을 쓰는 일이 드물 정도로 이미지의 과적(過積)을 즐기는 타입이다. 본래부터 그의 시는 4원소(물, 불, 바람, 흙) 이미지들의 축제였지만 그 축제는 이제 더 정교해지고 복잡해졌다. 신용목은 지금 어디에서 누구로 있는가?

포로

> 더는 바람의 갈피에서 강령을 읽을 수 없다
>
> (「敵國의 봄」)

    위에서 얘기한 구문, 구조, 이미지의 층위 중에서 신용목의 경우 가장 근본적인 것은 이미지의 층위다. 무엇이 그의 이미지를 이렇게 더 정교하고 복잡하게 만들었을까. 내용의 변화가 형식의 변화를 이끌어냈을 것이라고 보는 것이 가장 상식적인 관점일 것이다. 그러니 앞에서 간단히 언급했던 '도시'에 대한 이야기로 다시 돌아갈 수밖에 없다. 벤야민은 언젠가 "혼돈된 것의 묘사는 혼돈된 묘사와 같지 않다"(「중앙공원」)라고 적었다. 신용목의 이미지는 혼돈된 이미지가 아니라 혼돈된 것의 이미지다. '혼돈된 것', 즉 '도시적인 것'과의 정면 대결 속에서 그의 이미지는 단련되었을 것이다. 도시에서, 도시에 의해, 도시를 향해 만들어진 이미지들. 이 이미지들을 온전히 이해하기 위해서는 이것들이 어떤 의식 혹은 정서에 물들어 있는지를 감지해야 한다. 이제 그것들에 대해 차례로 말하자. 이번 시집의 시들 중에서 가장 먼저 쓰인(2007년 가을) 것 중 하나인 다음 시에서 이번 시집의 입구가 되는 하나의 '의식'을 발견할 수 있다. 이로부터 이 시집의 주요 '정서'들이 연쇄적으로 끌려 나오는 것이 분명하다고 나는 읽었다.

　　나무마다 붉은 심장이 내걸린다, 저 맹세들
　　어떤 역모가 해마다 반란의 풍속을 되살리는가 허공을 파
지로 구기며 진격하는 북국의 나팔 소리

　　바람의 오랜 섭정에 나는 부역의 무리가 되어버렸다 도망
하라 화를 피해 그러나
　　살갗을 벗기며 저무는 황혼의 저녁

　　붕대로 풀어지는 구름의 거적과 벌겋게 나뒹구는 태양의
해골바가지

　　모든 문자가 추억처럼 타올랐으므로 한 장 한 장 시절이
실연을 흔들며 투항하는 시간의 유적지에서
　　연기의 문장으로 원군을 청하는 늦은 후회여

　　(……)

　　나무마다 붉은 심장이 뛰고 있다, 저 맹세에
　　내 눈물도 역모의 증거임을 안다 돌아가지 못할 길에서 진
압당할 마음이 돌멩이처럼 떨어져 내릴 것을
　　　　　　　　　　　──「敵國의 가을」 부분

'단풍잎'을 나무의 "붉은 심장"(육체적인 것)에 비유하고 이를 다시 나무의 어떤 "맹세"(정신적인 것)의 표명으로 번안하면서 시는 시작된다. 무엇을 위해 뛰는 심장이며 무엇을 향한 맹세인가. 답은 "역모" 혹은 "반란"이다. 그래서 단풍은 "허공을 파지로 구기며 진격하는 북국의 나팔 소리"로까지 변신한다. 이어지는 2연에서 시인은, 1연에서 의미화된 단풍에 자기 자신을 포개면서, 이렇게 말한다. "바람의 오랜 섭정에 나는 부역의 무리가 되어버렸다." 자신이 바람으로 표상되는 후천적 환경의 영향으로 역모·반란·부역의 주체가 되어버렸음을 고백하고 있는 장면이다. 뒤이어 등장하는 '벗겨지는 살갗' '붕대' '거적' '해골바가지' 등은 모두 그런 주체의 비참한 최후를 떠올리게 하는 환유들이다. 그러나 지금은 그런 주체로 살고 있지 못하기 때문에 시인은 4연에서 진솔한 문장들을 적는다. 어떤 책을 읽어도 그 책의 문자들은 반역의 추억을 아프게 떠올리게 한다고, 그 와중에 세월은 흘러 이곳은 시간의 유적지가 되었다고, 이제 자신이 시를 쓰는 일은 연기를 피워 올려 뒤늦게 원군을 청하는 일과 다르지 않다고. 물론 이런 말들에는 회한이 담겨 있다. 마지막 대목에서 시인이 우는 것을 보면 그는 아직도 전향하지 못했다. 이런 의식을 무엇이라고 불러야 할까. 아래 시까지를 당겨 참조하면서, 나는 이것을 '포로 의식'이라고 불러보려 한다.

묻지 마, 어디서 왔냐고.

찰각대는 심장이 마음의 캄캄한 암실에서 현상하는 몸,
수음으로 잉태된 생명—사랑에 대하여.

〔……〕

묻지 마, 왜 떠났냐고.
그것은 알 수 없는 구령의 불복할 수 없는 전언— 우주 저편에서 불어온 바람이거나
눈을 겨눈 총구 혹은 모든 시간의 자살,
사라진 근원에 갇혀 돌고 있는
피의 우물.

마지막 버스는 목숨의 말라붙은 강으로 출발한다. 자갈 같은 창문을 달고서,
수천 년 전부터 도망치는 잠을 싣고서.
끝없이 그리워라, 물결의 창 너머
푸른 손을 흔들며.

묻지 마,

중력의 울타리를 친 행성의 서러운 수용소에서
줄지어 밥을 타러 가는 이유에 대하여.
　　　　　　　——「포로들의 도시」 부분

 어쩌다가 포로 신세가 되었는가. 애초에 그가 사랑을 품었기 때문이다. '심장—카메라'가 '마음—암실'에서 현상한 '사진—생명'으로서의 사랑 말이다. 아마도 연인에 대한, 자연에 대한, 공동체 내에서 버려진 사람들에 대한 사랑. 그런 사랑의 나라가 그의 조국이 되어버렸기 때문에 지금—여기의 세계는 적국이 되어버렸다. 그의 마음은 모든 시인들의 이상향일 그 다른 나라를 향해 떠나는 터미널에 언제나 있지만, 그의 몸은 모든 연약한 존재들이 고통받고 있는 이 적국을 떠나지 못한다. 그러는 동안에 그가 품은 사랑은 유산되고("붉은 환자복에 엉겨 꾸들꾸들 말라가는, 한 목숨의 처음이자 마지막 울음"), 마지막 버스는 터미널을 떠나고 만다("마지막 버스는 목숨의 말라붙은 강으로 출발한다"). 수용소와 같은 이곳에서 밥벌이를 하는 우리가 이 포로의 내면을 이해하지 못할 수 있을까. 그러니 묻지 말자. "중력의 울타리를 친 행성의 서러운 수용소에서/줄지어 밥을 타러 가는 이유"에 대해서는 말이다. 요컨대 우리는 이 시집에서 포로의 존재론을 읽어낼 수 있다. 포로는 소외된 존재이고, 세상을 폐허로 인식하는 존재이며, 상실의 슬픔에 젖은 존재이고, 구원을 갈망하는 존재다. 소외,

폐허, 슬픔, 구원이 이 시집의 열쇳말들이 되어줄 것이다.

소외

> 삶은 아니지만 죽음은 이해해
>
> (「하지만 이해해」)

포로로 잡혀 있는 존재가 세계를 친근하게 느낄 수는 없을 것이다. 그에게는 적국의 자연적 환경과 사회적 관습들이 낯설다. 세계 안에서 느끼는 주체의 낯섦, 이런 상태를 가리키는 관례적인 용어가 무엇인지 우리는 안다. 이제는 진부하게 여겨져서 잘 사용하지도 않는 그것은 바로 '소외 alienation'다. 그러나 이 '세계로부터의 소외'보다 더 치명적인 것이 있다. 낯선 세계에 조금씩 적응해가는 나, 언젠가부터 그 세계를 친숙하게 느끼는 나를 문득 발견하게 될 때, 그런 자신에게서 느끼는 불편하고 괴로운 낯섦, 그러니까 '자기로부터의 소외' 말이다. 이럴 때 묻게 되는 많은 질문들의 근본 형식은 이런 것이지 않을까. '나는 살아 있는가 아니면 죽어 있는가.' 이 질문에 답을 얻기 위해 포로는 언뜻 보면 기이하게 보일 수 있는 일을 하기도 할 것이다. 예컨대 "칼끝에 혀끝을 대보는" 일, 싱크대의 개수대를 보면서 "우리는 이곳에 담겨져 있다"라고 생각해보는 일, 혹은 낙엽을 보면서 저 죽음은 "자살인가 타살인가"를 자문해보는 일 같은 것 말이다(「칼끝에 혀끝을 대보는 순간」). 이토록 섬세하게 포착된 소외의 현장이 이번 시집에 자주 보인다.

   우럭이 관 속에 누워 있다
   몇 마리 우럭들, 우럭의 영혼으로 헤엄친다 산 것들이 죽은 것의 영혼인 물속
   연기의 문장으로 맴을 돈다

   한생이 무덤 속이었던 우럭
   물속에서 타 죽은 우럭

   나도 가끔 창밖을 본다 철 지난 부음처럼 낙엽은 날아와 부딪치고 흘러내리는
   손자국, 한 칸씩 허공은 투명하게 질러놓은 관짝들이다
   가을은 눈부시게 출렁이는 공동묘지

   물살이 씻고 가는 비문처럼
   나도 가끔 방 안을 맴돈다 문 없는 집을 세워놓고 무섭게 달려 나가는 추억들이
   몸 여기저기를 찢어놓을 때
      ——「나도 가끔 유리에 손자국을 남긴다」 부분

수족관의 우럭을 보고 시인은 예의 그 질문을 던진다. 저것은 살아 있는가 아니면 죽어 있는가. 시인의 대답은 이렇다. 저것은 물속에서 타 죽었다. 이미 불에 탄 존재가 연기가 되어 무언가를 말하고 있다. 그러므로 우럭의 움직임은 "연기의 문장"이다. 3연에서 시인은 자신의 방이 저 수족관과 다를 바 없다고 생각한다. 벽은 있지만 문은 없는 수족관, 그 "문 없는 집"에서 그는 우럭처럼 산다. 그래서 "나도 가끔 창밖을 본다" 혹은 "나도 가끔 방 안을 맴돈다". 그때 낙엽이 날아와 창에 부딪쳐 떨어지자 이를 "흘러내리는 손자국"으로 읽어내는 시선은 얼마나 섬세한가. 나는 살아 있는가 아니면 죽어 있는가, 라는 질문을 던지고 있는 이라서 가능한 것이리라. '나도 가끔 유리에 손자국을 남긴다'라는 제목은 내가 이렇게 살아 있다는 의기양양한 선언이 아니라 고작 그런 행위로나마 나의 살아 있음을 가까스로 확인할 따름이라는 쓸쓸한 자성의 표현일 것이다. 인용하지 못한 후반부에서 시인이 재개발 지역의 노장(路場)에 가서 벽돌 하나를 집어 드는 장면 역시 비슷한 정서를 품고 있다. 그는 끝내 그 벽돌을 던지지는 못했으리라.

나는 한쪽 다리를 잃은 사람의 잘려나간 다리처럼
누워 있다,

누군가 창을 닫고 지나간 하늘 — 불 꺼진 중환자실 빈 침대에 남은 핏자국처럼

　　나를 버려두고 또각또각 목발 소리를 내며 청춘은 어디론가 가버린 것 같다
　　피 묻은 붕대를 풀어놓는 노을 속에서,
　　나는 잘린 부위부터 검게 썩어갈 것을

　　〔……〕

　　본다, 달려가다 먼 허공에서 사라지는 별똥별에 대하여
　　사라지다 문득, 빛나는 순간에 대하여 — 고요로 답하는 창이 밤의 습지에서 끓고 있다
　　불 꺼진 중환자실 빈 침대에 달린 바퀴처럼

　　인생은 아무렇게나 꺾인 복도를 통과 중이다
　　나는 여기 머문 채 멀리 떠날 것이다 온종일 형광등처럼 켜져 있는 몸 깊숙이,
　　처박힌 장화가 영원히 찍어놓은 발자국으로
　　　　　　　　　　　　　— 「오지의 비유」 부분

　　포로의 삶의 형식은 수족관 속 우럭에게도 있지만 중환자실에 누워 있는 환자에게도 있을 것이다. 이 시인의 비

유 생산 능력을 화려하게 증명하는 이 시에서 시인은 어느 병원 중환자실에, 한쪽 다리를 잃은 사람의 잘려나간 다리처럼, 누워 있다. 앞의 시들에서처럼 칼끝에 혀끝을 대어볼 수도 혹은 유리에 손자국을 남길 수도 없는 상태이니, 가일층 심각한 소외다. 다리가 부러진 청춘은 목발을 짚으며 떠났고, 병원 창밖 노을은 "피 묻은 붕대"를 풀어놓은 것처럼 보인다. 이제 그는 모든 것을 다 잃어버린 채 다만 죽어가길 기다리는 "오지"가 돼버린 것일까. 인용하지 못한 이 시의 중간 부분에서 시인은 그렇지 않다고, '나'라는 오지 어딘가에는, 진창에 박혀 있는 장화처럼, "추억"이 박혀 있다고 말한다. 그 추억이 무엇인지 우리는 이미 안다. 반란, 역모, 부역의 추억일 것이다. 추억이 있는 한, 포로는 포기하지 않는다. 시인의 말마따나 허공을 달리다 사라지는 별똥별도 마지막에 문득 강렬한 빛을 발산하듯이, 세계라는 병원의 환자이자 세계라는 땅의 오지인 이 포로도, 비록 몸은 누워 있지만 이렇게 말할 수는 있다. "나는 여기 머문 채 멀리 떠날 것이다."

폐허

> 도시가 폐허를 닮은 것처럼
>
> (「장미」)

신용목의 이번 시집 전체를 한 편의 긴 서사로 읽어볼 수 있다면 그 주인공은 아마도 '포로'일 것이라는 얘기로 말문을 열었고, 포로는 무엇보다도 먼저 자기 자신을 소외된 자(수족관에 갇혀 있는 우럭, 중환자실에 누워 있는 환자)로 인지하는 존재라는 얘기를 거기에 더했다. 이런 존재론적 위치는 일단은 비극적이지만 이것이 특정한 세계관(말 그대로 세계를 보는 시각)의 출현을 가능하게 하는 일종의 입지(立地)이기도 하다는 점을 덧붙여야 할 것이다. 이제 던져야 할 질문은 이것이다. 포로에게 세계는 어떻게 인지되는가. 특히 이 시집 2부에 수록돼 있는 시들에 사용된 주요 어휘들을 순서대로 (반복되는 경우는 한 번만) 나열해보면 이렇다. '무덤' '참수' '피' '시체' '관짝' '불구덩이' '죽음' '부음' '비문(碑文)' '학살' '부패'…… 포로의 시선에 이 세계(구체적으로는 도시)는 한마디로 폐허 그 자체다. 승자가 아니라 패자이므로, 그리고 패자들 중에서도 죽지 않고 살아남은 포로이므로, 그는 도시의 화려한 외관 이면에 무수히 많은 죽음들이 있다는 것을 고발하지 않으면 안 된다. 인용할 만한 시가 많지만 그 죽음들을 '노래'와 '그림'의 형식으로 포착한 시 두 편을 차례로 읽자.

태양이 종소리에 감겨 조금씩 꺼져갈 때 십자가에 찔려 금 가는 하늘에

박혀 있던 벽돌들 후드득 떨어지고
　　튀어오르는 어둠이 달리는 타이어 은빛 추위에 치여 창문마다 검은 피를 뿌릴 때

　　나는 죽은 자의 메아리를 잘라왔다 불탄 구름이 흐린 재로 흩날리는 광장에서
　　목을 잃은 혀가
　　부르는 노래 시체의 목소리 속을 떠도는 바람의 목에 걸어주는 긴 머플러

　　녹빛 동상의 입에서 쏟아지는 무용담과 장검이 찌르고 있는 칼집 속의 오랜 적막을

　　그리고 도심의 방 환한 무덤에 쌓여 있는 종이들 관짝의 먼지 낀 뚜껑을 열고
　　시체의 배 속에 남아 있는 밥알을 씹는다
　　　　　　　　　　　　──「죽은 자의 노래로부터」 부분

　이 환상적인 묵시록의 이미지들 속에도 어떤 정황이 숨어 있다. 해가 질 무렵에 끔찍한 일이 있었던 것이다. 그래서 단순히 '어둠이 내리던 시간'이라고 적을 수가 없다. 십자가에 찔려 금이 간 하늘에서 벽돌('어둠')들이 떨어져 내렸다고 적었고, 떨어진 어둠이 다시 튀어 올랐다고 적었

으며, 튀어 오른 어둠이 달리는 차에 치였다고 적었고, 차에 치인 어둠이 검은 피를 뿌렸다고 적었다. 요컨대 하늘이 무너져 내리듯이 혹은 검은 피가 튀듯이 어둠이 내렸다. 그날 "죽은 자"들이 있었고 시인은 그 "죽은 자의 메아리"를 광장으로 옮겨왔다. 그래서 "목을 잃은 혀가/부르는 노래"가 광장에 울려 퍼진다. 뒤에 나오는 "녹빛 동상"이나 "장검이 찌르고 있는 칼집"이라는 표현들로 미루어볼 때, 저 광장이란 성웅(聖雄)의 동상이 서 있는 서울 한 복판의 어느 곳일 것이다. 그러나 그러는 동안에도 어떤 이는 "환한 무덤에 쌓여 있는 종이들"을 살피고 관 뚜껑을 열어 "시체의 배 속에 남아 있는 밥알"을 씹는다. 이 문장에는 주어가 없지만 우리는 이 대목에서 죽음의 도시를 관장하는 관료들이 팩트만을 냉정하게 기록한 서류를 들여다보면서 시체에게서도 아직 착취할 것이 남아 있는지를 살피는 모습을 떠올릴 수 있다. 죽음의 노래를 들었으니 이제 폐허의 그림을 보자.

붉은 화폭,
화가가 찢고 들어간 자리 — 피가 다 빠져나간
도시

버려진 붓끝으로 저녁이 온다

바람에게 눈을 달아주었다면 머리카락은 모두 망각 쪽으로만 휘날릴 것이다
뭉텅이씩, 풍경이 뽑혀나가는 자리에
가발처럼 심겨지는 어둠

[……]

화구에 찔린 눈으로 아침이 온다

바람에게 머리카락을 달아주었다면 도시는 모두 폐허로만 남겨질 것이다
낱장으로, 어둠이 찢겨나가는 화폭에

눈물처럼 차오르는 풍경
———「복제된 풍경화」 부분

  도시를 그리던 화가가 그림을 찢고 그 안으로 들어가버렸다. 덕분에 도시라는 생명체가 파괴되어 "피가 다 빠져나간" 창백한 도시가 되었다. 이 '화가'는 어느 도시에나 있을, 도시 개발 계획의 최고 실권자를 은유할 것이다. 이런 도시에서는 익숙한 풍경이 매일매일 뽑혀나간다. "뭉텅이씩, 풍경이 뽑혀나가는 자리에/가발처럼 심겨진 어둠." 이 도시를 부는 바람은 오로지 "망각" 쪽으로만 불어

가고, 불어가면서 이 도시를 "폐허"로 만든다. 위 두 편의 시를 읽은 우리는 죽은 자의 노래가 흘러다니고 풍경이 뭉텅이로 뽑혀나가는 이 도시들의 모습이 바로 서울의 결정적인 한 얼굴이라는 생각을 떨치기 힘들다. 폐허 속에서 폐허를 지켜보며 살아가는 포로들은 어떤 표정을 하고 있는가. 이 물음에 답하는 구절을 포함한 다음 시에서 이 시인은 자신의 탁월한 이미지 조형 능력을 또 한 번 보여준다. 그 포로의 표정을 "관 속으로 잘못 뻗은 아카시아 뿌리를/씹어 먹는 시체의 표정"이라 표현할 수 있는 능력은 흔한 것이 아니다.

> 타는 냄새가 허공을 다 돌아 쓸쓸한 묘지 촛불처럼 서성이는 방 안에서
> 나는 텔레비전을 본다,
> 관 속으로 잘못 뻗은 아카시아 뿌리를
> 씹어 먹는 시체의 표정으로
> ──「노아의 여름」 부분

슬픔

> 문을 뚫는 바람은 슬픔의 뿔
> (「슬픔의 뿔」)

포로가 소외된 자로서 폐허의 도시를 바라보며 느끼는 정서는 일단은 슬픔일 것이다. 슬픔이라고는 했지만 정확한 표현이 아닐지도 모른다. 프로이트 이래로 우리는 슬픔과 우울을 구별할 수 있게 되었다. 무언가를 잃어버렸으나 그것이 무엇인지 알 수 없어서 더욱 고통스러운 무기력에 시달릴 때, 혹은 잃어버린 것을 끝내 포기하지 못하고 그 상실의 책임이 나에게 있다 믿으며 자기 학대의 나날을 보낼 때, 그때의 정서를 우울이라는 말로 바꿔 부른다. 포로의 경우는 어떨까. 물론 포로는 자기가 잃어버린 것이 무엇인지 안다. 그것은 본국이다. 그러나 그 포로가 시인이라면 이야기는 달라지지 않을까. 시인에게 돌아가야 할 나라란 무엇인가. 앞에서 우리는 그것을 연인에 대한, 자연에 대한, 공동체 내에서 버려진 사람들에 대한 사랑의 나라라고 했지만 유사 이래 그런 나라가 존재한 적이 있기나 했던가. 그것은 '없음'으로서만 '있는' 나라가 아닌가. 그러므로 우리의 시인이 슬픔이라는 말을 사용했다고 해서 그의 슬픔이 명료한 구조를 갖는다고 생각할 수는 없고, 시인이 '너'를 부른다 해서 그가 그 '너'가 누구인지 잘 알고 있다고 생각하지 않는 편이 옳을 것이다.

　식당 간판에는 배고픔이 걸려 있다 저 암호는 너무 쉬워
　신호등이 바뀌자

어스름이 내렸다 거리는 환하게 불을 켰다
빈 내장처럼

환하게 불 켜진 여관에서 잠들었다
뒷문으로 나오는 저녁

〔……〕

불빛의 내벽에서 분비되는 어둠의 위액들 그 속에 웅크리고 앉아 나는
너를 잊었다 너를 잊고 따뜻한 한 무더기
다른 이야기가 될 것 같다

한 바닥씩 누운 배고픈 자들이 아득히 별과 별을 이어 그렸을 별자리들 저 암호는
너무 쉬워 신호등이 바뀌자
거리는 환하게 어둠을 켰다 빈 내장처럼

약국 간판에는 절망이 걸려 있다
———「아무 날의 도시」 부분

식당 간판에는 배고픔이 걸려 있는데 이 암호가 너무 쉽다고 시인은 말한다. '당신은 배고플 것이다. 밥을 먹어야

할 것이다. 밥을 먹기 위해서는 일해야 한다. 그렇게 흘러가는 것이 삶이다.' 이 시인에게 도시는 하나의 거대한 내장과 다르지 않다. 어두운 거리에서, 도시라는 거대한 위가 뿜어내는 위액 같은 어둠 속에서, 그는 웅크리고 앉아 중얼거린다. "나는/너를 잊었다." 거대한 내장이 되어버린 도시에서 우리가 얻은 것은 끝없는 배고픔이고 잃은 것은 '너'다. 왜 '너'인가. 그는 무엇인가를 잃어버렸고, 잃어버렸다는 것을 잘 알고 있지만, 도대체가 잃어버린 그것이 무엇인지는 모른다. 시인들이 2인칭 '너'를 부를 때 그것은 잃어버려 그리운 모든 것들을 가리키는 보통명사일 때가 많다. 그런 '너'를 잃은 절망 속에서 우리는 약국으로 가 듣지도 않는 약을 사 먹어야 할 것이다. 식당 아니면 약국인 도시, 허기 아니면 절망인 도시. 이런 도시에서 상실의 슬픔을 느낄 수 있다는 것은 귀한 자질이다. 자신은 아무것도 잃어버린 것이 없으며 다만 쟁취할 것만 남아 있다고 생각하는 존재들에 비한다면 말이다. 어쩌면 우리들일지도 모를 그들의 도시는 맹목(盲目)의 도시다.

눈먼 자의 얼굴에는 가라앉은 대륙의 지도가 그려져 있다

지팡이 하나로 받쳐놓은 대륙

오래된 폐허를 헤집기 위해 사람들은 안경을 쓰고 거리를

나선다
　발굴은 보이지 않는 것을 보지 않는 것

　나는 사랑이 붉은 녹을 안고 쏟아지는 대륙을 지나가는 중이다
　사랑해

　간혹 수십 세기 대개 수천 세기 전의 유물로
　멧돼지를 잡거나 수수를 자르거나
　바다를 건널 수 없다는 것을 안다

　눈먼 자에게 아직 남아 있는 눈으로 그 형태와 쓰임을 짐작할 뿐
　누구도 자기 얼굴에 그려진 지도를 읽지 못한다

　사랑해 마음의 박물관에 진열되는 고백으로부터

　뒤늦은 의미를 찾기 위해 사람들은 안경을 쓰고 서로를 바라본다
　폐허는 보이는 것을 보는 것
　　　　　　　　　　　—「얼굴의 고고학」부분

첫 두 연에 그 흔적이 남아 있거니와, 맹인의 얼굴을 보

고 오래된 대륙을 연상한 데서 이 시는 출발했을 것이다. 그러나 이어지는 대목에서 "사람들"(3연), "나"(4연), "누구도"(6연) 등은 딱히 맹인을 가리키는 것 같지 않지만 이들 역시 뭔가를 제대로 보질 못하는 것은 마찬가지다. 눈먼 자와 눈뜬 자의 경계가 흐려지고 만다는 뜻이다. 우리 모두가 눈먼 자들이라는 것, 맹인의 눈만 그런 것이 아니라 맹목의 도시를 사는 우리의 눈 역시도 일종의 유물이라는 것. 오래된 유물로는 멧돼지를 잡을 수도 수수를 자를 수도 바다를 건널 수도 없다. 그러니 그런 눈으로 어찌 "가라앉은 대륙의 지도" 같은 타인의 얼굴을 읽어낼 수 있을까. 안경을 쓴다 한들 "오래된 폐허" 같은 얼굴을 발굴해낼 수 있을까. 그런 발굴이란 "보이지 않는 것을 보지 않는 것", 즉 무력하고 무용한 시도가 되어버리고 만다. 그런 얼굴로 "사랑해"라고 말한들 그 말에는 또 무슨 진실이 담기겠는가. 그 말 역시 "박물관"에나 보관돼야 옳은 말일 것이다. 사람들은 그 말의 의미를 찾기 위해 안경까지 써가며 서로의 얼굴을 살핀다. 그래봤자 그것은 "보이는 것을 보는" 행위일 뿐, 그럴 때 얼굴은 그저 오래된 "폐허"일 따름이지 않은가. 이 삶에 구원은 있을까.

구원

> 신은 지옥에서 가장 잘 보인다
>
> (「만약의 생」)

    소외, 폐허, 슬픔의 이미지로 점철돼 있는 한 권의 시집에서 굳이 구원의 이미지를 찾아내려는 일은 어리석은 강박 혹은 촌스러운 계몽주의로 보일 수 있다. 그러나 그것은 쉽지 않은 일이기 때문에 시도해볼 만한 일이 된다. 디디-위베르만Didi-Huberman이 『반딧불의 잔존』(2009)에서 말하고 있는 대로, 반딧불과 같은 희망을 보이지 않게 만드는 것은 어둠이 아니다. 반딧불의 '약한 빛'이 파괴되는 것은 오히려 권력의 서치라이트가 '강한 빛'을 쏘아댈 때이다. 불야성의 도시에서 모든 작은 빛들은 삼켜지고 만다. 그러나 그것은 다만 일시적으로 삼켜진 것이지 영영 소멸된 것이 아니다. 그것들은 '잔존'한다. 그렇다면 어둠 그 자체는 반딧불의 '약한 빛'이 빛날 수 있는 조건이 되지 않는가. 이 시집에서 결정적인 작품들은 대부분 어둠에 대해서 말한다. 확실히 비관적이라고 할 수 있다. 그러나 비관주의에 침윤되는 것과 비관을 조직하는 것은 좀 다른 일일 것이다.

우리는 이렇게 살겠지
　　별이 진다 깨진 어둠으로 그어 밤은 상처로 벌어지고 여태 오지 않은 것들은 결국 오지 않는다는 걸
　　알면서도
　　언제나 그대로인 기다림으로
　　우리는 이렇게 살겠지
　　너는 환하게 벌어진 밤의 상처를 열고 멀리 떠났으니까
　　나는 별들의 방울 소리를 따 주머니에 넣었으니까
　　바람 불 때마다 방울 소리 그러나
　　나는
　　비겁하니까
　　　　　　　　──「우리는 이렇게 살겠지」 부분

　여태 오지 않은 것들은 결국 오지 않을 것이라는 생각은 물론 비관적이다. 그럼에도 중요한 것은 기다린다는 것이다. 언뜻 보면 진부할 따름인 다음과 같은 말들을 왜 말테가 하지 않을 수 없었는지를 이해하는 일이 그래서 필요하다. "그랬다. 중요한 일은 살아 있다는 것. 그것이 중요한 일이었다." 시인은 자신이 기다림을 언제나 기다림인 채로만 내버려두고 있으며("언제나 그대로인 기다림") 그것이 비겁한 태도라고 자책한다. 그러나 "나는/비겁하니까"라고 말하는 순간에 우리는 조금 덜 비겁해질 수 있다. 그것이 종교적인 것이건(메시아) 정치적인 것이건(혁명) 개인

적인 것이건(사랑), 여하한 종류의 구원의 가능성을 단 1퍼센트도 믿지 않는 이가 시를 쓴다는 것은 우스꽝스러운 모순이다. 비관주의자는 비관주의를 사랑하는 자가 아니라 낙관주의가 가져올지도 모를 상처를 두려워하는 자다. 사상 최고의 비관주의자도 자신의 비관주의가 적어도 자신만은 구원할 거라 은밀히 믿기 때문에 비관주의를 포기하지 않는 것이다. 그러니 비관주의자는 자기도 모르게 자신을 속이고 있는 것이 아닌가. 그렇다면 우리의 시인은 비관적이되 비관주의자는 아닐 것이다. 비관적이지 않을 수 없을 만큼 충분히 현실적이지만, 비관주의자가 될 정도로 나약하지는 않다. 그의 시는 구원하고 구원받기 위해 비관을 조직하는 이의 시다.

> 금서의 불타는 마지막 장에서 사라지는 예언들, 꺼져가는 눈빛들. 서서히 밤,
> 　언제나 추위는 내일로부터 온다
> 　　　　　　　　　　　　　　　—「그 숲의 비밀」 부분

이렇게 시작되는 시가 있다. 예언을 잃어버린 시대이므로 내일도 마찬가지로 추울 것이라는 예감 속에서 우리는 산다. 이 역시 비관적인 말이다. 그러나 이어지는 대목에서 시인은 "시간의 두꺼운 책은 언제나 반으로 펼쳐져 있다"고 말하면서 시간이라는 책의 나머지 절반을 계속 읽어

나가야 하는 인간의 운명에 대해 말한다. 어떤 페이지는 가볍게 넘길 수 있을 것이다. 어떤 페이지를 넘기는 데는 절망이 필요할 것이다. 어떤 페이지에는 아무것도 쓰여 있지 않을 것이다. 그러나 책을 넘기다 보면 "죽은 예언들이 부스스 흐린 눈을" 뜨는 때가 오는 것이다. "문밖에서 거대한 침엽수림으로 솟아오르는 내일. 누가 저 숲을 불 질러주었으면,/허락된 말의 빈 문장으로부터." 누가 어떻게 미래에 불을 지를 수 있는가. 허락된 말이 아니라 다른 말을 시작하는 것에서부터. 시라는 것은 바로 그런 의미에서의 '다른 말'일 것이다. 어떻게 그런 시가 가능한가. 이에 대해서는 어쩌면 이번 시집에서 가장 결정적인 한 문장일지도 모를 다음 구절이 답을 대신할 것이다. "신은 지옥에서 가장 잘 보인다"(「만약의 생」). 이 지옥에서 더 깊은 곳으로 그는 걸어 들어가려는 것일까. 마지막 시 마지막 문장에 그가 이렇게 적어두었으니까. "나는 아직 출발하지 않았다."

 이 시집은 시인 신용목이 2007년 중반에서 2012년 중반에 이르는 5년 동안을 포로로 살아낸 기록이다. 이 글에 '적국에서 보낸 한 철'이라는 제목을 얹은 것은 물론 누구보다 절실하게 포로의 삶을 살았던 랭보를 염두에 둔 것이지만 이렇게 추상적인 제목을 얹어야만 했던 다른 이유도 있다. 이 시집 속의 5년은 CEO 출신 대통령이 이 나라를

경영한 시기와 거의 겹친다. 이 시집의 많은 시들은 지난 5년 동안 우리를 고통스럽게 한 몇몇 사건들의 반향으로 쓰였을 것이다. 이 시인이 누구보다 그와 같은 일들에 깊이 상처받았고 자신이 할 수 있는 일을 최선을 다해 해온 사람임을 아는 까닭에 더욱 그런 생각을 하지 않을 수가 없다. 마음을 먹어본다면 우리는 상당수의 시들을 그 시에 착상을 제공한 사태들로 되돌려놓는 방식으로 해석할 수도 있었을 것이다. 그러나 되도록 그렇게 하지 않으려 했다. 시집의 제목이 '아무 날의 도시'이기도 하거니와, 더 나아가서, 이 시인은 자신이 그리고 있는 도시가 '어디나의 도시'이자 '아무나의 도시'로 받아들여지기를 바라며 이 시들을 썼을 것이라고 나는 믿기 때문이다.

이와 같은 보편성에 도달하기 위해 이 시인이 기울인 것은 노력이라기보다는 노역에 가까운 것이어서, 이 시집을 읽는 데 걸린 시간은 그 어느 시집을 읽을 때보다도 길고 길었다. 그 긴 시간 동안 이런 생각을 했다. 신용목의 이전 시들이 더 좋았다고 말할 사람들도 있을 것이다. 그렇게 생각하는 이들은 4부에 수록된 시들에서 마음에 드는 것을 여러 편 발견할 수 있을지도 모른다. 그러나 나는 이번 시집에서 본격적으로 "격발"(「격발된 봄」)된 것들의 의미와 가치를 생각하는 데 더 많은 시간을 보냈다. 기왕의 두 시집만으로도 그는 충분히 좋은 시인이었다. 이번 시집이 말하고 있는 것의 무게와 그것을 표현하는 기예의 깊이를 옹호하며 덧붙이건대, 이제 그는 동세대·동시대의 가장 중요한 시인 중 하나다. '서정적인 것'이 '사회적인 것'과 어디에서 어떻게 어디까지 만나야 하는지를 이야기하게 될 때 누구도 이 시집을 건너뛰기는 어려울 것이다. 이 시집은 그 어느 세계에나 있을 비인간적인 도시가 낳은, 그 어느 누구의 것보다도 정교한 이미지들의 절박한 항의다. 나는 이 포로가 해방되기를 원하지 않는다.